スチュアート・ホール

イギリス新自由主義への文化論的批判

牛渡　亮

東信堂

R.I.P

Stuart Hall

はしがき

本書は、イギリスの文化研究者スチュアート・ホールの多岐にわたる知的営為をひとつの連続性のなかで再検討し、その今日的な意義を明らかにしたものである。ホールは、その生涯を通じて単著らしい単著を書かず、まさに目の前に生起しつつある現象を現在進行形のままに分析し、それらを断片的に記述することを好んだ。そのため、大小様々な媒体に発表されたこれらの断片が相互にどのような連関を持ち、ホールの思想世界にとってどのような意味を持つのかということ、すなわちその全体像を把握することはきわめて困難であった。そこで本書では、晩年のホールが使用した「新自由主義の長きにわたる行進」という言葉に着想を得ながら、彼の思想に一本の軸を通し、その連続性から少しでもホールの思想世界を理解しようと試みた。

この「新自由主義の長きにわたる行進」という言葉は、ホールが二〇一一年に発表した論文「新自由主義革命」のなかで初めて提示された。それによれば、イギリスにおける新自由主義に基づく社会変革はマーガレット・サッチャーによるサッチャリズム政治のみが行ったものではなく、サッチャリズム以前からすでに始まり、サッチャリズム以降も政党の別なく継続されているというのである。ホールはこうした連続性を「長きにわたる行進」と表現し、その長期的な変革過程を「新自由主義革命」と呼んだのである。こうした視角は、新自由主義論や現代社会論として重要であるだけではなく、ホール自身がみずからのキャリアの連続性を示唆している点で興味深いものである。すなわち、「新自由主義の長きにわたる行進」という概念に照らした時、一九七〇年代以降のホールは今日まで続くこの「行進」を丹念に追い、一貫して「新自由主義革命」をその主たる分析対象としていたと考えることができる。本書はこうした前提に立ち、ホール理論の連続性を検討している。

以下本書では、ホールの思想にとって大きな意味を持っていたと考えられる主題に注目して彼のキャリアを五つの時期に区分し、それぞれに章を設けて分析を行った。そのため、あらかじめお断りしておかなければならないが、本書はホールのすべての成果を網羅するものではない。「新自由主義革命」というホールの問題関心を検討するうえで必要な限りの文献を参照したが、多産かつ多様なホールの知的営為の全体に照らしてみれば、本書がきわめて限定的な試みであることを認めないわけにはいかない。また本書では、ホールの断片的な記述が、それが発表された時代背景と密接に結びついていることを重視している。先にも述べたように、ホールの研究は進行形の社会現象を進行形のままに理論化し、暫定的な状態で断片的に発表するところに特徴がある。したがって、彼の議論をその時代状況から引き離して検討することは、その議論の重要性を大きく減じてしまうことになる。そこで本書では、歴史的事実や社会状況に関する記述に多くの紙幅を割き、当時の時代状況と関連づけながらホールの議論を検討している。それでは、各章の内容を簡単に確認しよう。

第一章では、ホールの生い立ちを確認し、彼が青年期に取り組んだ無階級社会論批判について検討する。若き日のホールは、「教条主義的マルクス主義」と「伝統的文化論」というふたつの伝統と格闘するなかでみずからの分析枠組みを鍛え上げ、ニューレフトとしてのキャリアを開始した。ここでは、青年期の問題関心が、その後のホールのキャリアを貫いていることを示す。

第二章では、ホールのモラル・パニック論を取り上げる。ホールは、黒人少年たちによる殺人事件をきっかけに、一九七〇年代のイギリス社会を席巻したモラル・パニックについて丹念な研究を行っている。この時期、イギリスでは少年犯罪に対する厳罰化が急速に進行した。この章では、ホールがこうした現象のうちに、「新自由主義の長きにわたる行進」の開始を洞察していたことを明らかにする。

第三章では、ホールのサッチャリズム論を分析する。ホールは、一九七〇年代後半から八〇年代にかけて、驚くべきエネルギーをもってサッチャリズム批判を展開した。ホールの中心的な課題は、サッチャー政権によって冷遇されているはずの労働者階級がなぜ彼女を支持するのかということであった。ここでは、その答えが「退行的近代化」と「権威主義的ポピュリズム」というサッチャリズムのふたつの戦略に求められることをホールの議論から明らかにする。さらに、サッチャリズムとモラル・パニックとの関連についても検討する。

第四章では、一九八〇年代末にホールが取り組んだ「新しい時代」プロジェクトについて検討する。ホールは、サッチャリズムを分析するなかで、サッチャリズムというレッスンから満足な教訓を引き出すことのできない、労働党の硬直した現状認識を厳しく批判していた。そこでホールは、到来しつつある「新しい時代」の特徴を明らかにするとともに、サッチャリズムの何を教訓とすべきかを提言するのである。この章では、ホール理論にとってのキーワードである「分節化」という用語の含意に触れながら、ホールが「新しい時代」プロジェクトを通じて主張した左翼の「刷新」の意味を考察する。

第五章では、ホールのニューレイバー論を対象とする。ホールは、ニューレイバーの掲げる「第三の道」が、左翼のための左翼の「刷新」ではなかったことを強く批判した。それに対して、「第三の道」を首唱したアンソニー・ギデンズもまた、ホールが既成左翼の教義に固執しているとして厳しい反批判を行っている。この章では、ホールとギデンズの対立を軸に、ニューレイバーがいかなる意味で「新自由主義革命」をサッチャリズムから継承したのかを明らかにする。

以上の議論によって、ホールの主張する「新自由主義革命」の内実が明らかになるだろう。ホールが言うように「新自由主義の長きにわたる行進」がこれから先も続いていくのであれば、本書の終章はこれからの社会を考察するための序章となるはずである。

スチュアート・ホール——イギリス新自由主義への文化論的批判／目次

スチュアート・ホール——イギリス新自由主義への文化論的批判

序章　文化と新自由主義

一　新自由主義の長きにわたる行進

二〇一〇年五月一一日、デイヴィッド・キャメロンを首班とする、保守党と自由民主党による戦後初の連立政権がイギリスに誕生した。保守党にとっては、ジョン・メージャー以来となる約一三年ぶりの与党返り咲きであり、長期にわたるニューレイバーからの路線変更が広く人々の耳目を集めた。

これを受けて、スチュアート・ホールは「新自由主義革命」と題する論考を発表した（Hall 2011）。彼によればキャメロンは、マーガレット・サッチャー、メージャー、トニー・ブレア、ゴードン・ブラウンらが押し進めてきたひとつの共同プロジェクト、すなわち新自由主義革命の新たな旗手として位置づけることができる。

一九七〇年代以降の危機はそれぞれ異なってみえたし、それぞれが特有の歴史的状況から生起したようにみえた。しかし、そうした危機はまた、一貫した基本的な特徴を共有しているようにもみえるし、その包括的な目標や運動の方向性といった点で関連しているようにもみえる。逆説的ではあるが、相反する政治体制はすべて、このプロジェクトの拡大のために多様な仕方で貢献してきた。（Hall 2011:9）

二大政党制の長い伝統を誇るイギリスは、政権交代に伴う政策の大きな転換を歴史的に繰り返し経験してきた。したがって、一九七〇年代から今日にいたるまで二度の政権交代が行われたにもかかわらず、それぞれの政権がサッチャリズム以来の連続性を維持し、共通のプロジェクトに奉仕してきたという先のホールの指摘は、素直に私たちの腑に落ちてゆく話ではない。

それにもかかわらず、彼はこうした状況を「新自由主義の長きにわたる行進」と呼び、その連続性をいささかも疑っていない。たしかに、ホールの指摘をふまえて彼の一九七〇年代以降の研究を振り返ってみると、この「新自由主義の長きにわたる行進」の連続性を丹念に追いかけていたことがわかる。それどころか、ホールのこれまでの知的営為をたどることで、戦後の「合意に基づく福祉国家型社会」から今日の「強制に基づく新自由主義型社会」へといたる転換の一側面を描き出すことさえできることに気づかされる。誤解を恐れずにいえば、ホールは生涯一貫してこの転換過程と「新自由主義の長きにわたる行進」に関する諸問題を、みずからの中心的な研究対象としてきたのである。

そこで本書は、ホールの多方面にわたる理論的営為を新自由主義論という視角から整理したうえで再検討し、その今日的な意義の解明を目的とするものである。一九九一年のソヴィエト連邦崩壊後、現実的なオルタナティブの不在によって、新自由主義はグローバルな規模でその影響力を拡大し続けている。これからの社会を展望する私たちが、新自由主義の限界を乗り越える方途を探るうえで、ホールの新自由主義論は私たちに多くの有用な示唆を与えてくれるはずである。

二　ニューリベラリズムとネオリベラリズム

かつてカール・マルクスは、ゲオルク・ヴィルヘルム・フリードリヒ・ヘーゲルがすべての偉大な世界史的事実と世界史的人物は二度現れると述べたことについて言及した。そのうえでマルクスは、それが一度は悲劇、もう一度は笑劇という相反する性質を持つものとして現れるという但し書きをヘーゲルの言葉に付け加えている。二〇世紀から今世紀にかけての歴史を振り返ってみると、ふたりの偉大な先達が遺したアフォリズムは、なおその妥当性を失っていないことがわかる。そしてそれは、社会領域への国家干渉を否定する自由放任（レッセ・フェール）のクラシカルリベラリズムとの対比のなかで、「新自由主義」と呼ばれる思想が二度現れたこととも無関係ではないだろう。

初めて「新自由主義」が現れたのは、一九世紀末から二〇世紀初頭であった。ジョン・アトキンソン・ホブソンやレオナルド・ホブハウス、あるいはジョン・メイナード・ケインズに代表されるこのニューリベラリズムは、国家の積極的な干渉のもとで「社会正義」の実現と社会の安定を図るべく、クラシカルリベラリズムの厚生経済学的改良を目指す理論であった。イギリスでは、一九〇六年に成立した自由党政権において、デイヴィッド・ロイド・ジョージやウィンストン・チャーチルによって主導されたニューリベラリズム的な社会保障改革が所得の再分配を促し、後の福祉国家の礎となった（Hall 2011）。

それに対して、次に「新自由主義」が脚光を浴びた一九八〇年代に、それが指し示すのはネオリベラリズムと呼ばれる思想に取って代わられていた。フリードリヒ・アウグスト・フォン・ハイエクを中心とするオーストリア学派やミルトン・フリードマンを中心とするシカゴ学派に代表されるこのネオリベラリズムは、「強力な私的所有権、自由市場、自由貿易を特徴とする制度的枠組みの範囲内で個々人の企業活動の自由とその能力とが無制約に発揮されることによって人類の富と福利が最も増大する、と主張する政治経済的実践の理論」（Harvey 2005: 2=2007: 10）を意味する。

ここで注目しなければならないのは、クラシカルリベラリズム、ニューリベラリズム、ネオリベラリズムがそれぞれどういった思想との区別によってみずからの同一性を定義しているのかという点である。

近代的な個人の自由に基礎を置くクラシカルリベラリズムは、政治的には権威主義や全体主義と明確に区別される。また、経済的には集産主義や、アダム・スミスが痛烈に批判したように重商主義と截然と区別される。それに対してニューリベラリズムは、先述したようにクラシカルリベラリズムのレッセ・フェールの行き過ぎを反省するなかから誕生した。したがって、政治的にはクラシカルリベラリズムと同様に権威主義や全体主義と区別されながらも、経済的にはある程度の国家干渉による社会的公正を目指す点でクラシカルリベラリズムと区別される。

ところが、ネオリベラリズムの場合は、大きく事情が異なっている。一九八〇年代に各国で台頭したネオリベラリズム（イギリスのサッチャー政権によるサッチャリズム、アメリカのロナルド・レーガン政権によるレーガノミクス、日本の中曽根康弘政権による一連の政策など）は、政治的にはきわめて権威主義的かつ大衆迎合的な形態で現象した。他方で経済的には、ニューリベラリズムがその基礎となった福祉国家やケインズ主義への明確な敵意を表明して市場原理主義の立場をとり、クラシカルリベラリズムを再評価する傾向をみせた。

したがって、ニューリベラリズムがクラシカルリベラリズムの負の側面を緩和し、諸個人の自由の増大を企図していたのとは異なり、ネオリベラリズムが企図しているのは多国籍企業を始めとする諸企業の自由であり、それによって多くの諸個人にとってはより不自由で自律性を欠く、より抑圧的な社会を創出しつつある。マルクスが付言した通り、同じ名前を冠したふたつの思想が、大きく異なる性質を持ち、相互に激しく対立していることをここで確認しておきたい。

三　ネオリベラリズムと社会の統治

ただし、ネオリベラリズムが市場原理主義の立場に立っているからといって、すぐさまその戦略をクラシカルリベラリズムのそれと同一視するのは早計である。ミシェル・フーコーが正しく指摘するように、今日現出しているネオリベラリズムは単なるレッセ・フェールへの回帰ではない（Foucault 2004=2008）。

一九三〇年代のネオリベラリスト集団であるオルド自由主義者に関する分析を通してフーコーが主張するのは、ネオリベラリズムとは福祉国家の危機に対応すべく現れた新たな統治形態だということである。かつてのクラシカルリベラリズムにとっての市場とは、自由な交換を通じて「自然な」均衡価格が生み出される場であった。それに対して、ネオリベラリズムにとっての市場とは、交換ではなく競争を原理とする場である。ここで重要なのは、競争とは自然発生的に存在する現象ではないというネオリベラリストたちの認識である。したがって、効果的な競争状態は、統治機構が法律や制度といった市場の枠組みに対して積極的に介入することによってのみ、維持・創出されうる（Hayek 1944=2008）。別言すれば、競争とはそれが個々人の活動を調整し、社会を組織化するような仕方で統治者によって「生産」されなければならないものである（佐藤 2009）。したがって、国家はレッセ・フェールではありえない。それどころか、社会のあらゆる領域に市場原理を導入しながら、市場競争にとってのインフラを積極的介入によって整備しなければならない。このように考えるならば、ネオリベラリストにとっての競争とは社会の調整装置の役割を果たす限りで社会の統治原理であり、それに基づくネオリベラリズム的統治とは、単なる「経済的統治ではなく、社会の統治」（Foucault 2004: 151=2008: 180）ということになる。

フーコーのネオリベラリズム論における深い洞察から、私たちがただちに学び取らなければならないことがふたつある。ひとつは、ネオリベラリズムを単なる経済理論としてではなく、社会の統治を目指す諸実践の総体として把握しなければならないということである。フーコーの分析が示すように、ネオリベラリズムとはきわめて重層的な現象であり、経済的分析のみに依拠していたのでは、その複雑で多岐にわたる戦略を十全に把握することはできない。

もうひとつは、ネオリベラリズムが福祉国家の危機と相即不離の関係にあるということである。この点については、一九八〇年代以降のネオリベラリズムを体系的に分析したデイヴィッド・ハーヴェイもまた、その認識を共有している。彼によれば、第二次世界大戦後の階級的妥協によって制限されてきた支配階級の権力を、戦後合意の危機に対応して再興・再創造しようとする政治的企図の一体系がネオリベラリズムである（Harvey 2005=2007）。彼らの分析が端的に示すように、ネオリベラリズムを理解するためには、それを福祉国家の危機や、戦後の福祉国家を基礎づけていた戦後合意の危機と無関係に考察することはできない。

それでは、こうした危機はいつ到来したのか。とりわけ、ネオリベラリズムの台頭という形で戦後福祉国家が綻びていく、その分水嶺となった時期はいつだったのであろうか。ジョック・ヤングは、こうした危機が一九六〇年代から七〇年代に到来したと述べ、それを福祉国家的な包摂型社会（共通価値によって統合された社会）からネオリベラリズム的な排除型社会（多元主義的で排他的な社会）への転換として捉えている（Young 1999=2005）。ここでヤングは、この時期に顕在化した種々の逸脱現象（政府への幻滅と不信感の高揚、五月革命とその後の学生運動の拡大、逸脱的文化集団の台頭）による共通価値の動揺によって、福祉国家的包摂型社会の危機がもたらされたという側面を強調している。福祉国家の危機を共通価値からの「逸脱」という文化的・政治的側面から説明しようとする点で、ホールの新自由主義論はヤングの議論と一定の前提を共有している。

たとえば、一九七一年のイギリス社会学会年次大会の報告で、ホールは従来の逸脱研究が「社会的逸脱」と「政治的逸脱」という区分を暗黙裡に前提としてきたことを批判するとともに、みずからの対象を社会的逸脱のみに限定してきた逸脱理論そのものの政治性を次のように指摘している。

「政治」と「非‐政治」との境界を維持することや、「政治的」行為を「非‐政治的」なものとして位置づけることはそれ自体が政治的な行為であり、権力と利害の構造を反映したものである。（Hall 1971:2）

そのうえで、一九六八年以降の経験を踏まえ、ホールは次のように主張する。

社会的逸脱とマイノリティの政治的闘争との境界は消え去りつつある。社会的逸脱と様々な形態の政治的周縁化との結びつきは強化されつつある。社会規範という観点からみると、政治はより「逸脱的」になっているし、逸脱は徐々に政治化されつつある。（Hall 1971:6-7）

ホールがこれほど逸脱と政治との結びつきを強調するのは、逸脱現象を単に逸脱者個人の社会化の問題ではなく、イギリス社会に生じつつある深淵な構造変動の徴であると考えていたためである。

さらにホールによれば、何が逸脱で何が逸脱ではないのかを決定する際、最も重要な役割を担っているのはマスメディアである。なぜなら、マスメディアはある事象が正当か否かを理解するための「常識的説明」(Hall 1971: 20; 強調引用者)を人々に提示するためである。ここでアントニオ・グラムシに依拠しながらホールが強調するのは、こうした常識をめぐる文化的な再生産過程を通じて、マスメディアは現状のヘゲモニーの再獲得にかかわるイデオロギー的な機能を果たしているということである。

ここまでのところで、ホールの新自由主義論の特徴がおぼろげながら明らかになってきた。詳しくは各章の分析に譲るが、先取りして述べるならば、その最大の特徴は文化領域における逸脱現象を通じた権力強化過程の解明にある。これは、リベラリズムでありながら権威主義的かつ抑圧的なのはなぜかという、ネオリベラリズムにつきまとうパラドキシカルな疑問にひとつの答えを与えるものである。なお、ここまでのところで明らかなように、ホールの新自由主義論が分析対象としているのは、ニューリベラリズムではなくネオリベラリズムである。したがって本書において、特に断りがない場合には「新自由主義」という言葉がネオリベラリズムを指し示していることに留意されたい。

以上のような特徴を有する新自由主義論において、ホールがマスメディアの果たす役割を強調したのは、それが新自由主義の文化政治戦略にとって不可欠の媒体だからである。先のフーコーの洞察に示されていた通り、新自由主義が経済のみに閉じるのではなく、より複雑で多元的な広がりを持つ思想であり実践であるとするならば、ホールはとりわけ文化、あるいは文化と政治との関係性に焦点を当てたといえる。なぜならホールによれば、マスメディアを通じた文化的かつ政治的な戦略を看過していては、イギリスにおいてサッチャリズムがなぜその受苦層をも含み込んだ階級横断的な支持を獲得できたのかを理解することはできないからである。

そもそもホールは、その知的キャリアの開始と同時に、文化と政治との関係性やマスメディアの機能に強い関心を示してきた。したがって彼の新自由主義論は、それまでの研究成果の集大成としての側面を持つといえる。

四　文化を政治的に捉える視点

ホールの新自由主義論が、その文化政治的アプローチによって特徴づけられるのであれば、その分析に先立って、彼にとって文化とは何か、あるいは政治とは何かがまずもって問われなければならない。ホールがその文化政治論を形成するうえで多大な影響を受けたのは、若き日の彼自身がその一翼を担ったニューレフト運動と、その周辺に位置していた理論家たちである。ここでホールが獲得したのは、文化を政治的に捉える視点であった。本書のホールに関する分析の前提として、ニューレフト運動が誕生した背景と、その文化政治論の概要を確認しておこう。

(1) イギリスにおけるニューレフト運動の誕生

一般にニューレフト（新左翼）という言葉は、一九六八年を頂点とする「怒れる若者」たちによる急進的な政治運動、ないしはヒッピー・ムーブメントと結びつけて語られることが多い。しかし、ホールが携わったニューレフト運動[1]は、一九五〇年代後半から一九六〇年代初頭にかけて活発化した思想・政治運動である。大嶽秀夫が「思想的レベルに関する限り、イギリスのニューレフトがその起源をなすとみなしてまず間違いはあるまい」（大嶽 2005: 3）と指摘するように、初期のニューレフト運動がその後の世界を席巻した「政治の季節」にとって、ひとつの理論的源泉となった側面は強調されてよい。

イギリスでニューレフト運動形成の機運が高まる背景となったのは、一九五〇年代中葉に顕在化した左翼にとっての三つの危機であった。

第一の危機は、イギリス労働党の勢力後退である。特に、保守党の第三次チャーチル政権やその後を受けたアンソニー・イーデン政権への批判が高まり、巻き返しへの期待が高まっていた一九五五年五月二六日の総選挙における労働党の敗北は、穏健派を含む左翼陣営にとって大きな痛手であった。こうしたなかで、労働党内部において社会主義の再検討をめぐる修正主義論争が始まった。修正主義の主張に対して、左派は恐慌革命直結論や窮乏化革命論といった教条的な議論に固執するばかりであった。結局、この左翼思想の再検討は、党の官僚制に阻まれて十分な議論を尽くせず、問題を先送りすることしかできなかった。労働党が、思想的にも組織的にも硬直化しているという事実は、人々の危機感を高める結果となった。

第二の危機は、イギリス共産党の権威の失墜である。その直接の契機となったのは、一九五六年二月二五日のソ連共産党第二〇回大会秘密委員会において行われたニキータ・フルシチョフによるヨシフ・スターリン批判演説であった（志水 1977）。同年七月にアメリカ国務省によって公表されたことで、ソ連国内におけるスターリン主義の内情が全世界の知るところとなった。これによって、イギリス共産党内部にも演説に対する動揺が走り、党執行部への不信が強まった。この時期、イギリス共産党員であったエドワード・パルマー・トンプソンとジョン・サヴィルは雑誌『リーズナー』を創刊して党執行部の方針を批判し、党の内部改革を訴えた。しかし、同年一〇月二三日にはハンガリー事件が勃発し、民主化を求める民衆運動を戦車部隊が武力で鎮圧するなど、ソ連共産党の野蛮で抑圧的な本性が露見した。スターリン批判が明るみになった直後のこの事件によって、ソ連の民主化に対する人々の期待は打ち砕かれ、多くのイギリス共産党員が党を去った。やはりこの時期に共産党を離党したトンプソンとサヴィルは、翌一九五七年に雑誌『ニュー・リーズナー』（ＮＲ）を創刊し、イギリスおよびソ連共産党の非民主的な組織形態と、硬直化した思考に対する批判を行った。このＮＲ誌を中心とするサークルは、後述するようにニューレフト運動のひとつの源泉となっており、ＮＲ誌の共産党批判という立場はニューレフト運動を性格づけるうえで大きな影響を与えたといえる。

第三の危機は、左翼的知識人の孤立である。このことをはっきりと示したのは、ハンガリー事件の興奮覚めやらぬ一九五六年一〇月二九日に発生したスエズ危機であった。エジプトによるスエズ運河の国有化に対する制裁としてイギリスとフランスによって行われたこの武力介入は、アメリカを中心とする国際世論の非難を浴びて早期撤退を余儀なくされた。アメリカのヘゲモニーとかつての大英帝国イギリスの没落を国際社会に知らしめたこの軍事作戦に対して、イギリスの左翼的知識人は大々的な反戦運動の組織化を図った。しかし、労働者階級を含む多くのイギリス国民は愛国主義的あるいは帝国主義的な立場から政府を支持した。さらに、労働党や共産党といった既成左翼政党も、政府の植民地主義的政策を批判することはなかった。結局、反戦運動が孤立してしまったという事実は、イギリスの左翼的知識人に大きな衝撃を与えた。

以上のような既成左翼の危機は、共産党員や左翼的知識人だけでなく、ホールを始めとする若い学生・大学院生たちの強い幻滅をも惹起した。とりわけ、スエズ危機の際に露呈された暴力性は、若い世代にとって決定的な意味を持った。一九六〇年代にニューレフト運動の中心人物となるペリー・アンダーソンは、当時を次のように振り返っている。

左翼にとっては、スエズ侵略は一種の引き金として作用するシンボルとでも言うべきものであった。この事件は、きわめて明白で、劇的だったので、具体的な政治意識を全然もっていない世代にとっても、帝国主義的な意図と行動を示すあらわな政治現象としての意味をもった。ふつうの場合なら、それはもっと骨の折れる、精細な政治的分析をしなければ理解できなかったであろう。(Anderson & Blackburn 1965=1968:3)

こうした危機感を背景に、ホール、ガブリエル・ピアソン、チャールズ・テイラー、ラルフ・サミュエルを中心とするオックスフォードの学生・大学院生たちは、かねてから計画していた雑誌の発刊を急いだ。そして、翌一九五七年にロンドンを拠点として、彼ら四人を編集者とする雑誌『ユニヴァーシティーズ・アンド・レフト・レビュー』(ULR)が創刊された。[2]ホールたちは、スエズ危機やハンガリー動乱に対する道徳的批判を行い、既成左翼からは独立した新たな試みによる社会主義の刷新を企図していた。また、マルクス主義を批判的に摂取していくなかで、ポピュラー・カルチャーやテレビなど、「ひとつ前の世代が政治的に重要だとみなさなかった諸問題」(Chen 1992=1996：22)を積極的に取り上げ、探求を深めていった。ロンドンには多い時で二六ヶ所のニューレフト・クラブが設立され、トンプソンやラルフ・ミリバンドといったNRの編集委員や、アイザック・ドイッチャーといった著名な知識人が呼ばれて討論会が行われ、時にはジャズやスキッフルのコンサートも催された(高山 2010: 101)。

クラブでの交流を通じて、NRサークルとULRサークルは接近するようになった。実際、ふたつのサークルはその構成集団がとても近接しており、いくつもの問題関心を共有していた。また、財政的にも、ふたつの異なる雑誌を維持し続けることは困難であり、ひとつの雑誌に統合しようという意見が生まれてきた。こうした声を受け、NRとULRは一九六〇年一月に雑誌『ニューレフト・レビュー』（NLR）に一本化され、ホールがその初代編集長となった。このNLRを舞台として、ニューレフト運動はさらに議論を深化させていくことになる。

(2) ニューレフトにとっての文化と政治

こうした背景のもとで精力的な活動を展開するニューレフトであるが、彼らの思想が左翼にとって新しかったのは、その文化政治論のゆえである。ホールを始め若い思想家の多いニューレフトにおいて、その理論的支柱となったのはレイモンド・ウィリアムズやリチャード・ホガート、あるいはトンプソンといったホールたちよりも上の世代の思想家たちであった。彼らはマルクス主義を再検討すると同時に、それまでの文化論を批判的に発展させることで、ニューレフト文化政治論の形成に大きな影響を及ぼした。ここでは、彼らの研究をふまえて文化論の伝統を概括し、ニューレフト文化政治論の特徴を明らかにしたい。

「文化」の変遷

従来の文化論を再検討するにあたり、ウィリアムズは「文化 culture」概念そのものの語源に立ち返り、考察を加えている（Williams 1976=2002）。ここからは、彼の議論を整理する形で、「文化」概念の変遷を確認しよう。

彼によれば、英語の culture は「耕作」を意味するラテン語の cultura が変化した形であり、さらにその語源は同じくラテン語の colere に求めることができる。この colere は、「耕す」「住む」「守る」「敬い崇める」など多様な意味を内包する言葉であり、「植民地」を意味する colony や「崇拝」を意味する cult など、この言葉を語源とするいくつもの派生名詞を生み出している。

そのなかで、cultura は「耕す」という colere の主要な意味を引き継いだが、徐々にその耕す対象を実際の耕地だけではなく、人間の内面にも向けるようになり、「精神の養育 cultura animi」といった用法もみられるようになる。その後、この cultura はフランス語に導入されて古フランス語の couture となり、さらに変化して「耕作」を意味するフランス語の culture となった。これが一五世紀初めまでに英語に流入してきたと考えられる。

cultura がその対象を人間の内面にまで向けたのとは異なり、英語に導入された culture の初期の用法はすべて「（基本的には作物や家畜の）世話をする」という過程を示す名詞であった。しかしウィリアムズによれば、culture の意味内容は一六世紀を境に隠喩的語義へと展開を始める。「自然の生育物の世話」という当初の用法は「人間の発達の過程」にまで拡張され、一九世紀初めまでには「精神の涵養」という意味が「耕作」という原義と並ぶ重要な位置を占めるようになった。

ウィリアムズは、こうした変遷過程のなかで、フランス語においても英語においても一九世紀までに「文化 culture」が独立名詞としての用法を獲得したことに注目している。彼によれば、こうした変化は同じ時期に独立名詞の「文明 civilization」が登場してくることとも無関係ではない。文化と文明というふたつの概念の対立が、その後の文化論を性格づけることになる。

文化と文明

一八世紀に成立した culture と civilization というふたつの独立名詞の関係について、その後の議論に大きな影響を与えたのは、一八世紀のドイツに生きたロマン主義者ヨハン・ゴットフリート・ヘルダーである。

ドイツ語は、一八世紀末にフランス語から culture を借用しており、それが当初は Cultur、一九世紀以降は Kultur となり、そのままドイツ語に定着した。ところで、この当時の英語では、culture が未だ civilization と同義語扱いであり、ドイツ語においても事情は変わりなかった。したがって、その第一の語義は「文明化あるいは教化された状態になっていく社会全体の過程」という抽象的なものであり、第二の語義は、啓蒙主義的な歴史家たちが一八世紀的な世界史観のなかで civilization に与えたものと同様に「人間発達の長期的過程」であった。

こうした文化と文明の混同に対して、鋭い批判を向けたのがヘルダーであった。彼が最も強く批判したのは、文化や文明は単線的に発展し、一八世紀のヨーロッパで卓越の頂点に達するのだという、その語義のうちにみえ隠れするユーロセントリックな普遍史観であった。そうしたヘルダーの批判の背後には、ナポレオン・ボナパルトによるドイツ侵攻という苦い経験があった（鮫島 1998）。社会制度や技術的な水準を鑑みると、当時のフランスやイギリスは文明化された先進国であり、一方のドイツは未開の後進国であった。したがって、ナポレオンによるドイツ侵攻は、「文明」の名の下に「未開」が駆逐されていく過程としてヘルダーの眼には映った。ヘルダーは、こうした文明国フランスによる支配に抗するため、ドイツにおける文化の重要性を強調した。彼によれば、「文明」が物質的なものであるのに対して、「文化」とは精神的なものであり、より豊かで高度な現象である。こうすることで、物質的な側面では後進国であったドイツを、精神的な側面で先進国フランスよりも優位に立たせることが可能になった。こうした経緯から、「文化」を「文明」に対置する構図が生まれた。

鮫島京一は、こうした構図のもとで、ヴィルヘルム・ディルタイからマックス・ウェーバー、さらにはカール・マンハイムへといたるドイツの理解社会学的アプローチが練り上げられてきたと分析している（鮫島 1998）。このアプローチにおいて、文化は「物質」に対置される「精神」とされた。こうした前提は、歴史的に固有な文化活動（言語、芸術、知的作品など）に具現化された「精神」の把握を、文化社会学に固有の領域として措定した。このアプローチの有効性は、文化活動における様式や国民史の記述を通じて、その背後に存在する「精神」を析出し、そこからある国民に固有の関心や中核的価値観を導出できる点に求められる。しかし、鮫島によれば、こうしたアプローチには限界がある。彼によれば、こうした狭義の文化概念を採用することによって、「文化」すなわち「精神」が社会を決定するという理論的帰結が生じかねない。確かに、こうした狭義の文化を形成し享受できるのは、社会全体のうちでも少数のエリートだけであり、それが全体社会を論じる際にどの程度の有効性を持つ議論なのかということには大いに議論の余地があろう。したがって、こうした理解社会学的な文化論は、特定の社会集団が他の集団の利益を排除することで、自己の利益追求を正当化するためのイデオロギー装置としての側面を内包しているという鮫島の批判には、一定の妥当性を認めることができる。

それにもかかわらず、精神的な「文化」を物質的な「文明」批判のために用いるこうした「狭義の文化」論の伝統は、その後の文化論に大きな影響を及ぼし続けた。後にニューレフト運動が生まれるイギリスにおいても、一九世紀に最も影響力を持った詩人であり文明批評家であるマシュー・アーノルドを中心にその伝統が受け継がれた。彼は、社会の産業化に伴い画一的な大衆文化が発展しつつあることと、それによって産業化以前から存在していた有機的な共同社会の文化が衰退することを激しく問題視した。一八六九年に上梓した『教養と無秩序 Culture and Anarchy』のなかで、アーノルドはヘルダーを「偉大な教養人」「優美と叡智との真の根源であった人」（Arnold 1869=1946: 90）として賛美し、みずからの論考の目的を次のように説明している。

論文全体の目的は、教養〔culture〕を、英国の現在の窮境を大いに救うものとして、推奨することにある。教養とは、我々の総体的な完全を追求することである、我々に最も関わりの深いすべての問題について、世界でこれまでに考えられ、語られた最善を知ることにより、更にこの知識を通じて、我々のお定まりの思想と習慣とに、新鮮な、自由な思想の流れを注ぎかけることによって。（Arnold 1869=1946:11）

引用部分に端的に示されている通り、アーノルドは教養すなわち文化を「世界でこれまでに考えられ、語られた最善」と規定している。文化をこのように考える彼の議論からは、それが産業化によって増大した中産階級や都市型労働者階級からなる新たな「大衆」のものではない、というエリート主義を読み取ることができる。リテラシーの向上と民主主義の拡大は、アーノルドが「俗物」と呼ぶ大衆の文化をもたらした。しかし、アーノルドによれば、そうした大衆文化は審美眼を決定的に欠落させていた。アーノルドが危惧していたのは、こうした文化では大衆という主体にみずからが民主主義社会において果たすべき社会的・政治的役割を身につけさせることができないということであった。

そのため、彼にとっての「文化」とは、粗野な大衆と、そうした「教養のない人々」を虜にしている文化から護られるべきものであった。

以上のようなアーノルドの議論は、「大衆」と呼ばれた人々からの強い反発を招いた。ウィリアムズも指摘するように、アーノルドの「文化」をめぐる論争以降、culture という言葉は多くの人々から敵視されるようになった（Williams 1976=2002）。こうした敵意は階級差別の文脈と結びつき、後に「お文化 culchah」という侮蔑的な表現も生まれた。さらに第一次世界大戦やその後の戦間期には、ドイツ文化（Kultur）を称揚するプロパガンダによって生み出された反独感情がそこに結びつき、さらに「文化」に対する敵意が高まることになった。

ところが、こうした強い批判にさらされながらも、「文化と文明」あるいは「エリートと大衆」という対立構図に基づいて文化を理解する伝統が大きく動揺することはなく、イギリスにおいてもこうした狭義の文化論の伝統が二〇世紀まで継承されることになる。

リーヴィスの狭義の文化論

狭義の文化論を展開したアーノルドは、「世界でこれまでに考えられ、語られた最善」の結晶である文化と、その享受者である少数のエリートの特権的な地位とを護らねばならないことを主張したが、二〇世紀の社会変動はこうしたアーノルドの期待を裏切る形で進行した。特に、ますます拡大する大衆文化の影響は看過できないものになった。大量生産・大量消費に基づく資本主義は、中産階級をさらに肥大させた。上野俊哉と毛利嘉孝が指摘するように、資本主義の発展は「均質で良質な労働者をたえず労働市場に送ることを求め」、「大量生産を軸とした資本の論理は一定以上の購買力をもった消費者」を必要とした（上野・毛利 2000: 20）。こうした資本の要請に応じて、大衆教育制度が発達し、一定の購買力を持った消費者が中産階級によって構成された。したがって「大衆」は、もはや単に無学な「俗物」などではなかった。

こうした社会状況において、アーノルドの問題関心を継承し、さらなる議論を展開させたのが、フランク・レイモンド・リーヴィスを筆頭に、リーヴィスの妻クウィーニー・ドロシー・リーヴィス、デニス・トンプソン、ライオネル・チャールズ・ナイツらを中心とするスクルーティニー派である。彼ら／彼女らは英文学批判誌『スクルーティニー』を刊行し、現代文化の担い手である大衆に対する批判を軸に、産業革命によって堕落する以前の、すなわち一七世紀以前の文化的伝統の価値を復権させることを主張した（Turner 1996=1999）。スクルーティニー派が最も重視したのは、文化的・知的エリートの形成であった。リーヴィスは、少数のエリートの社会的重要性やその機能を次のように述べている。

選ばれた少数者は、ダンテやシェークスピアやダンを鑑賞できるばかりでなく……そうした天才の後継者が、人類の意識部分を担っているのだとも認識していた。私たちが人類の過去の経験から何らかの利益を得られるかどうかは、まさにこの少数者次第である。そういう意味で彼らは、伝統において最も繊細で、滅びゆくものを現在に生かそうとしているといえるのである。

(Leavis 1930:3-5)

また、次のようにも述べる。

芸術と文学が正しく評価されるかどうかは、いつも非常にわずかな少数者次第である。自発的で独創的な評価ができるのは、ごく一部の人に限られている。純粋に個人的な反応によって、そうした独創的な評価を支持できる人々はわずかながらいるが、依然として少数者である。

(Leavis 1933:13)

ここでリーヴィスのいう「選ばれた少数者」とは、「人々の文学や芸術に対する認識や鑑賞能力を啓発し、文化的伝統を維持するために十分な批判能力と教養を持つエリート」(鮫島 1998: 26) を指している。このことと、彼がアーノルド流の狭義の文化概念を踏襲していることを考え合わせるならば、その具体的な人物像が浮かび上がってくる。リーヴィスが「文化」という言葉で主に指示しているのは、精神的・道徳的な感情の「偉大な伝統」を持つ「言語」である。したがって、彼が想定する現代における「選ばれた少数者」とは、具体的には「文学を研究する者」であり、リーヴィス自身を含めた文学研究者こそが、イギリスの「偉大な」文化的伝統を継承する存在ということになる。

こうしたリーヴィスの議論については、そのエリート主義に対する強い批判が寄せられたことはいうまでもない。他方で、彼を中心とするスクルーティニー派の言説を積極的に評価する向きもある。たとえば山田雄三は、リーヴィスが「排他的なエリート主義者ではけっしてなかった」（山田 2005 : 33）と彼を擁護している。山田によれば、リーヴィスは自由な鑑賞や判断が社会のあらゆるところで行われることを念願していたのであり、その点ではエリートの価値観を固持しようとするブルジョア保守主義者ではない。それどころか、彼はそうした理想に向けた社会改革を実践するにあたり、社会に偏在する組織化されていないエリートの結集を謳い、その結節点として新しくより自律的な大学を構想していたというのである。すなわちリーヴィスは、当時の文化の危機が教育を受けた知的読者層の減少に起因すると考えていた。そのため、大学教育は作家と読者とを媒介する「選ばれた少数者」の育成を目指すべきだと主張したのである。

山田の指摘を踏まえてリーヴィスの議論を検討するならば、確かにリーヴィスの想定していた「選ばれた少数者」が階級や人種を超えた存在であった点を評価することができる。彼に強い影響を与えたアーノルドが、あくまで上層階級に属する白人を文化の主な担い手と捉えていたことを考えれば、リーヴィスの主張はそれまでの伝統的文化論の枠組みを超えるものである。しかし、リーヴィスの議論の背景には、時代的な要請があったことを看過することはできない。ますます増大する大衆とますます増殖する大衆文化の包囲網のなかで、上層階級だけでは「文化」を維持できないというリーヴィスの苦渋の決断をそこに読み取ることができる。加えて、植民地からの多くの有色移民によってさらに混沌とする文化状況を目の当たりにし、多様な人々を含み込んだ文化戦略が求められていた。

こう考えてみると、リーヴィスのいう「選ばれた少数者」とは、それまで上層階級が独占していた「これまでに考えられ、語られた最善」を理解し、それを大衆に教え伝えることによって「文化」を守護する存在である。したがって、山田が言うように、彼の文化論はエリート以外を排除するものではない。しかし、そこで共有される文化はやはりエリートの文化であり、非エリートの文化までを射程に含むものではない。

彼の議論は、確かにそれまでの伝統的文化論に一石を投じるものであった。上層階級の専有物であった「文化」を、創造的な作家と広範囲の読者層との有機的連帯によって生み出されるものと考え、そのためのかすがいとなるエリートを育成しようというリーヴィスの構想は、文化論の伝統にとって新しいものであった。だが、上述したような文化論のエリート主義的伝統は、リーヴィスの内にも確かに宿っている。ニューレフトが、彼の文化論から距離をとった最大の理由は、このエリート主義である。

エリオットの広義の文化論

一九三〇年代以降、イギリスにおける文芸批評の世界では、リーヴィスに代表されるスクルーティニー派が大きな影響力を持った。しかし、スクルーティニー派のエリート主義的な狭義の文化論に対する批判がなかった訳ではない。たとえば、詩人であり文芸批評家でもあったトマス・スターンズ・エリオットは、スクルーティニー派のエリート主義的な文芸批評をたびたび批判した（Turner 1996=1999）。彼は、スクルーティニー派の狭義の文化論に対して、広義の文化論と呼びうる議論を展開している。

一九四八年に発表された『文化とは何か』のなかで、エリオットは人類学的な文化理解に基づき、伝統的な文化論の再検討に取り組んだ（Eliot 1948=1951）。彼によれば、「文化」という言葉は、一個人の発展、ひとつの集団や階級の発展、ひとつの社会全体の発展といったように、どの水準の発展が問題になるかに応じて異なる発想を伴っている。しかし、個人の文化は集団の文化と引き離せないものであるし、集団の文化は社会全体の文化から抽象することはできないはずである。したがって、エリオットの文化論では、文化とは社会全体との関係を視野に収めて考察されなければならないことになる。こうした観点から、エリオットはアーノルドの名前を挙げて狭義の文化論に基づく文化理解が一般的になっている状況を批判し、〈文化〉を次のように再定義している。

ここで文化という用語にどれだけの意味合いが広く内包されているかということを想起してもらわなければならない。それは主に一つの国民の特性をなすすべての活動と関心を包含する――ダービーの競馬、ヘンリーでのボートレース、カウズのヨットレース、八月一二日の狩猟解禁日、サッカーの決勝戦、ドッグレース、ピンボール・マシーン、ダーツボード、ウェンズデール・チーズ、切り分けた茹でキャベツ、酢漬けのビーツ、一九世紀のゴシック調の教会、エルガーの音楽。（Eliot 1948:31=1951:36-7）

彼の挙げた文化の一覧において注目すべきは、それが決してエリートの所有物だけに留まらない広がりを持つ点である。エリオットは、アーノルドを始めとした伝統的文化論、すなわち狭義の文化論の枠組みからはみ出してしまう多くのものを文化概念の内に含めた。彼にとって文化とは「生活様式の全体 a whole way of life」であり、博物館に陳列されるものや貴重なものだけが文化なのではない。

エリオットがこうした広義の文化論を志向した背景には、アーノルドやリーヴィスによる教養主義の提唱が中産階級の功利主義的リベラリズムに規定された文化観に基づいており、それがエリートによる自己防衛的行動に過ぎないという批判的なまなざしがあった。さらにエリオットによれば、狭義の文化論は当時の産業社会の発展や労働運動の激化、あるいは帝国主義の行き詰まりやふたつの世界大戦による文化への影響を十分に認識できていなかった。そのため、議論の前提として、エリオットは文化をひとつの階級の所有から引き離すことを提言する。

我々が決して忘れてはならないことは、一個の健康な社会においては、文化をある特定の水準に維持するということは、これを維持する階級の利益となるばかりでなく、ひとつの全体としての社会の利益にもなるということである。（Eliot 1948: 35=1951:52）

エリオットの考えによれば、ある階級の文化変容は必然的に社会全体の文化変容を引き起こす。そこで、文化水準の維持を担う主体として、エリオットは各階級のエリートに期待を寄せる。エリオットにとって、各階級のエリートが孤立していることこそ文化衰退の主要因であった。つまり、社会全体には多種多様な職能があるため、各階級のエリートたちが有機的に統一されて初めて社会が成り立ち、文化をある特定の水準に維持することが可能となるのである。

こうしたエリオットの「全体性」概念は、「whole という言葉を用いているにもかかわらず、total に限りなく近い」（鮫島 1998：28）。彼の文化論では、階級構造が所与のものとして前提されており、部分である各階級文化の集積として、社会全体の文化が議論されるという構図になっている。したがって、エリオットは「全体性」という言葉の内に、複数の文化、複数のエリートの存在を示唆している。

この点で、彼は文化をハイカルチャーという名の桎梏から解き放ち、伝統的文化論と袂を分かったといえる。ただし、依然として文化の担い手としてのエリートの存在や階級支配を前提とし、「有機的かつ静態的な文化的伝統」（鮫島 1998：28）を称揚するその姿勢は、やはり「文化による文明批評」という従来の文化論の枠組みを完全に乗り越えるものではなかった。

ニューレフトの文化論

これまで概括してきた文化論の伝統のなかで、ホールを始めとする多くの学生ニューレフトたちにとって最も身近な文化論は、当時もまた支配的であったリーヴィス流の文化論であった。ホールは、リーヴィスの文化論に対するアンビバレントな感情を、後年のインタビューにおいて次のように語っている。

> 私たちは、リーヴィスのプログラムの多くが内包するエリート主義を拒否していましたが、他方でリーヴィスに惹きつけられてもいました。それはリーヴィスが……文学を真剣なものとして、それこそ命にかかわるくらい真剣な問題として受け止めていたからです。（Bromley 1992:663; 強調引用者）

上記のホールの発言には、ニューレフト文化論の特徴が端的に表現されている。第一に、ニューレフトにとっての文化とは、エリート主義的文化論が前提していた「この世で考えられ、語られた全体」に留まるものではない。若いニューレフトたちに強い影響を与えたウィリアムズがそうしたように、彼らはエリオット流の文化理解に基づき、文化を「生活様式の全体」まで含み込むものと定義した。

第二の特徴は、先のインタビューでの発言のなかで、リーヴィスの文化に対する姿勢をホールが評価していることと深く結びついている。ニューレフトが社会主義やマルクス主義の再検討を志向していたことは先にも述べたが、そのために彼らは既成左翼が問題を捉え損ねていると思われる領域に意識を集中させた。それは、労働者階級の文化についてであった。土台・上部構造論に基づく伝統的な社会把握では、文化は上部構造に属する領域であり、土台である経済領域の二次的ないし副次的な位置づけを与えられるに留まっていた。そのためニューレフトは、文化をめぐる問題が左翼のなかでは真剣に議論されないために、文化領域が保守派のイデオロギーによって独占されていると認識していた。

そうした認識を後押ししたのは、後にバーミンガム大学現代文化研究所（ＣＣＣＳ）の初代所長となり、ホールをカルチュラル・スタディーズに引き合わせることになるリチャード・ホガートの研究であった。一九五七年に出版した『読み書き能力の効用』のなかでホガートは、労働者階級の搾取にとって文化が重要な意味を持つようになったことを次のように指摘している。

いまや大衆を経済的に「低下」させることは許されないので、自由競争の商業論理の帰結として、外からは時代の全体的雰囲気に支えられて、内からは方向感覚の喪失、労働者自身の、自由を前にしての疑惑と不安に支えられ、労働者は文化の面で搾取されている。この過程は休みなく進行するので、労働者が外や上をみないよう絶えず押さえつけておく、一つの積極的なもの、新しくてより強力な支配の形態になってくる。この形態は旧来のものよりも強力なようである。なぜなら、文化的従属の連鎖は、経済的従属の連鎖よりも繕うのが簡単で、かつ駆逐するのは困難だからである。(Hogart 1957=1986: 193)

こうしたホガートの主張は、ニューレフトに強い影響を与えた。伝統的な議論に固執することで行き詰まりをみせる既成左翼を批判するニューレフトにとって、文化は決して副次的な領域などではなく、ホガートが示唆するようにまさに主戦場となるべき領域であった。リーヴィスの文化論がそのエリート主義にもかかわらずホールたちニューレフトを惹きつけたのは、彼の文化に対する真摯な姿勢のゆえであった。ニューレフトの文化論は、リーヴィスのエリート主義を捨象しつつも、文化を「それこそ命にかかわるくらい真剣な問題として」考える彼の姿勢を継承したといえよう。

これ以外の特徴として、さらにふたつの特徴を指摘しておくべきであろう。第三の特徴として、文化とは人々の主体的・能動的な営みのなかから形作られてくるものであるというニューレフトの認識を挙げることができる。こうした認識を支えたのは、一九五八年に発表され、ニューレフトにとりわけ強い影響を与えたウィリアムズの『文化と社会』であった。この著作でウィリアムズが問題にしたのは、そもそも「大衆」とは一体誰を指す言葉なのかということであった。

実際、大衆などというものは存在しない。ただ人々を大衆とみなす、そうしたいくつかの見方が存在するだけなのである。（Williams 1958: 300=1968: 246）

ウィリアムズのこうした指摘には、「大衆」を単に受動的な存在として捉えている当時の大衆社会論に対する批判が込められている。戦後のグローバルな経済復興ならびに経済秩序の再建は、結果的にアメリカ的な市場や企業の論理を世界中に伝播させた。また、戦時中の全体主義やスターリン主義の脅威が、大衆民主主義への広範な支持層を生み出した。この時期の大衆社会論において、大衆化とは「民主主義と経済繁栄の結果であることを認めながらも、それが真の民主主義を破壊する」（佐伯 1988 : 104）傾向であると考えられていた。なぜなら大衆社会では、民主主義が前提としてきた自律的な個人を想定することはできないからである。その代わりに大衆社会に存在するのは、他人の志向にみずからを同調させ、マス・コミュニケーションによって操作される原子化された人々である。

そうした大衆社会論に対して、ウィリアムズは単に受動的な客体ではない〈民衆〉が文化形成に果たしてきた能動的な役割を把握しようと努めた。彼が特に重視したのは、イギリスの文化が形成されてきた社会的・歴史的過程の分析[3]であった。言説と社会思想史を関連づけて検討するなかでウィリアムズが目指したのは、少数者であるエリートの文化と〈民衆〉の文化との相互作用の総体として文化を位置づけることであった。

労働者階級はその立場のゆえに、産業革命以来、狭義の文化をつくりだしてこなかった。この階級がつくりだしており、それを認めることが重要である文化は、労働組合であれ、協同組合運動であれ、政党であれ、そのなかにみられる集合的民主的制度である。労働者階級文化は、今通過している段階では、(特別の知的・想像的作品における)個人的なものであるというよりはむしろ第一に(それが諸慣行を創出してきたという点で)社会的なものである。(Williams 1958: 327=1968: 269-70)

ウィリアムズの分析の根底に、エリオット流の「生活様式の全体」としての文化が息づいていることは明らかである。[4] ウィリアムズの整理によれば、〈民衆〉の大部分を形成する労働者階級の文化とは「基本的な共同の観念と、この観念に起因する制度・風習・思考習慣・意志」(Williams 1958: 327=1968: 206) によって構成される。それに対してエリートを形成するブルジョア階級の文化とは「基本的な個人主義的観念とその観念に起因する制度・風習・思考習慣・意志」（Williams 1958: 327=1968: 269）によって構成されている。ウィリアムズは、文化をこうしたふたつの生活様式間の不断の相互作用によって形成されるものとして捉えた。それによって、これまで「大衆」という架空の表象によって理解されてきた〈民衆〉は、社会全体の文化形成に主体的・能動的に関わる社会的・歴史的主体として位置づけ直された。こうしたウィリアムズの議論に触発される形で、ニューレフトもまた同様に、生活様式の全体としての文化を形成する〈民衆〉の主体性・能動性を重視したのである。

最後に第四の特徴として、文化を政治的な階級闘争の現場と捉える視角が挙げられる。若きニューレフトにこうした問題意識を提示したのはトンプソンである。彼はウィリアムズを批判するなかで次のように述べている。

〔ウィリアムズの〕試みは、共通の所有をもたらしたり、協力的な共同体を建設しようとしたりする試みと同様に、資本主義社会で行われる限り、ごく断片的な成功に満足するほかないだろう。……しかし、それは社会主義社会では知的・文化的争いがあまり激しいものにならないとか、多様なものとならない、ということではない。……もし、我々が、（実際そうすべきだが）社会主義社会の「土台」＝既定の文化的「上部構造」という定式を拒否するならば、文化は（若干制限されてはいるが）人々が独力で創る生活様式の全体となるだろう。（Thompson 1961: 36=1962:

257-8)

トンプソンが提起する「人々が独力で創る生活様式の全体」という文化概念には、ウィリアムズの文化論では十分に考慮されていない「文化の物質的規定性、文化をめぐる権力と争いの問題」（鮫島 1998: 39）が、新たな論点として加えられている。ウィリアムズが依拠した「生活様式の全体」という文化の定義は、従来の文化論の伝統から引き継がれたために、中立的な概念に留まっているようにトンプソンの目には映った。[5] つまりトンプソンは、エリートと民衆が共通の目的のために一致団結して邁進していくような印象をウィリアムズの文化論から受けたのである。しかしトンプソンが最も重視したのは、ウィリアムズが主張する「エリートの文化」と「民衆文化」との中立的な相互作用ではなく、個々の生活様式を生み出す諸階級間の対立・葛藤・支配・従属であった。

彼の問題意識は、一九六三年の大著『イングランド労働者階級の形成』として結実した。その序文において、トンプソンは「階級」を次のように規定している。

> 階級という表現で私が理解しているのは、経験という未加工の素材ならびに意識の双方における、異質で一見したところ関連のない、多くの出来事を統合する一つの歴史的現象である。
>
> (Thompson 1963=2003:11)

そのうえで、「階級意識」について次のように述べる。

人々が（継承されたものであれ、共有されているものであれ）経験を同じくする結果、自分たちの利害のアイデンティティを、自分たち同士で、また自分たちの利害とは異なる（通常は敵対する）利害をもつほかの人びとに対抗するかたちで感じ取ってはっきり表明するときに、階級は生じる。階級の経験は、主として、人びとが生まれながらにして入り込む――あるいは、不本意でも入り込まざるをえない――生産関係によって決定される、階級意識とは、これらの経験を、伝統や、価値体系や、思想や、さまざまな制度に具現されている文化的な範疇で取り扱う様式である。(Thompson 1963=2003:12)

トンプソンによれば、生産関係に依存する「経験」が、種々の関係のなかで階級意識を規定し、この階級意識が生活様式、つまり「文化」を形成する。しかし、「経験はあらかじめ決定されているようにみえるとしても、階級意識はそうではない」(Thompson 1963=2003: 12) ものであり、「類似の経験をしている類似の職業集団の反応のなかに、ある論理をみることはできるが、いかなる法則も定立しえない」(Thompson 1963=2003 : 12)。したがって、「階級」は単に経済的な生産関係によってのみ規定されるのではなく、「経験」が「階級意識」を政治的に統合していく過程で形成される。換言するならば、労働者階級は従属的な生産関係によって一元的に形成されるのではなく、そうした関係においてみずからを階級として形成してきたのである。こうした労働者階級の主体性こそが、トンプソンの最大の関心事であり、彼が文化分析の中核に日常生活における階級的な「経験」を据えた理由である。

トンプソンの議論は、文化をめぐる主体的な闘争という視角をニューレフトの文化論に導入した。これによって、文化とはまさに政治的な階級闘争の現場として位置づけられることになった。彼が提起した文化と政治にかかわる論点は、ニューレフト文化論を強く特徴づけると同時に、ホールが後にカルチュラル・スタディーズへと議論の場を広げていく際にも、中心的な問題のひとつとして彼に影響を与え続けた。

以上のように、ニューレフトは既成左翼が適切に対象化してこなかった文化、とりわけ労働者階級の日常的な経験に根ざした文化に関する議論をその中心に据えた。それは、一方で正統派マルクス主義が重視する土台・上部構造論への批判であり、他方でそれこそが政治的闘争にとって決定的な問題であるという確信のゆえであった。このようにして、「文化の分析と文化をめぐる政治の問題をみずからの政治活動の中心に据えるというその第一歩を、ニューレフトはたどたどしく踏み出した」(Hall 1989a: 25-6)。それはまた、ホールの長きにわたる文化政治論の始まりでもあった。

註

1　イギリスのニューレフト運動を丹念に研究したリン・チュンによれば、この運動はその特有の傾向にしたがって三つの時期（一九五七－六二年、一九六三－六九年、一九七〇－七七年）に区分することができる（Lin 1993=1999）。ホールは、みずからが携わった時期（一九五七－六一年）のニューレフト運動を、後に「最初のニューレフト」と呼び、その後の時期の運動とは明確に区別している（Hall 1989a）。本書で主に言及しているのは、この時期のニューレフト運動である。

2　当時、ピアソンは英文学専攻の大学院生、テイラーはオールソウルズ・カレッジ専任フェロー、サミュエルはロンドン・スクール・オブ・エコノミクスの研究生であり、ブリクストンとオヴァールの中等学校で補助教員をしていたホールを含む編集者四人の平均年齢は二四歳であった。

3　ウィリアムズによれば、「文化の観念の歴史は、われわれの共同生活の諸条件の変化に対する思想と感情面でのわれわれの反応の記録」（Williams 1958=1968: 242）である。

4　ただし、ウィリアムズがエリオットの文化論を評価しながらも、彼の「全体性」概念の「意味的なすべり」を批判している点には注意が必要である。ウィリアムズによれば、エリオットは「生活様式の全体」というみずからが依拠する「文化」の定義を完全には容認しておらず、その「全体性」を説明するにあたって、伝統的文化論で従来考えられていたような限定的な狭義の文化（すなわち芸術や哲学や絵画など）を「大衆文化」（エリオットが挙げているようなスポーツや食べ物やゴシック調の教会など）に単に置き換えている嫌いがある。ウィリアムズは、将来的に「文化を全然もたなくなる」（Elioto 1948=1951: 14）時代を想定することが可能であるというエリオットの主張をその一例として引いている。ウィリアムズが言うように、エリオットがここで意図しているのは、芸術や哲学や絵画を始めとした、「これまで思考され、語られた最善」としての文化が、その水準の悪化の先で消え失せてしまうかもしれないという内容である。しかし、先のエリオットの文章の「文化」という言葉を「生活様式の全体」という言葉に置き換えてみると、この主張は意味をなさない。この点が、ウィリアムズが指摘するエリオットの「意味のすべり」であり、彼の文化論のひとつの限界を示している。

5　こうした論点は、後のテリー・イーグルトンの批判にも共通している（Eagleton 1976=1980）。イーグルトンは、ウィリアムズの『文化と社会』という表現が『ゲマインシャフトとゲゼルシャフト』を訳したものではないかという指摘に触れ、そうした比較が示す「文化」のイデオロギー的特質にウィリアムズ自身は気づいていなかったのではないかと指摘している。また、リーヴィスやエリオットが政治的意味合いを込めて「文化」という言葉を使っていたことには気づいていながらも、そこから「中立的」なカテゴリーを取り戻せると信じていたウィリアムズを批判している。こうした批判は、少なくとも初期のニューレフトに影響を与えたウィリアムの議論においては妥当している。

第一章　福祉国家の黄金時代と無階級社会

一　なぜ若き日のホールなのか

二〇〇二年六月、バーミンガム大学のカルチュラル・スタディーズ／社会学部（旧、現代文化研究所）が、人々の反対を押し切る形で閉鎖された。一九六〇年代以降、世界中の文化研究に多大な影響を与え続けてきた同組織の閉鎖は、まさに一時代を画する出来事であった。しかし、カルチュラル・スタディーズに対するバックラッシュは、突如巻き起こったものではない。日本が「カルスタ」ブームに沸いた一九九〇年代以降、カルチュラル・スタディーズは内外からの激しい批判にさらされてきた。

そこで主に批判の矛先が向けられたのは、カルチュラル・スタディーズにとって主要な関心事のひとつである文化と政治との関係性をいかに理解するのかという問題であった。たとえば、イギリスの文化研究者であるフランシス・ムルハーンは、カルチュラル・スタディーズが文化を政治的な手段に還元することを拒否してきた一方で、文化と政治とを同一視する傾向を示し、結果的に新たな還元主義に陥っていると分析する（Mulhern 1995）。ムルハーンによれば、カルチュラル・スタディーズのこうした傾向は結果的に政治の可能性を喪失させ、カルチュラル・スタディーズの強調する「政治的闘争の領域としての文化」の可能性すらも奪い去ってしまいかねないという。また伊藤公雄は、今日のカルチュラル・スタディーズが「現実」を分析するための批判的有効性を喪失しつつあると指摘する（伊藤 1996）。なぜなら、「現実」の社会には「物質的・観念的な利害関心や暴力の問題を含む、実際の政治的・文化的な葛藤」（伊藤 1996: 12）が不可避的に織り込まれており、そのすべてが文化に還元されるはずはないためである。

事実、一九九〇年代のブームを経て、日本におけるカルチュラル・スタディーズ熱は鎮静化へと向かっているようにみえる。しかしこのことは、カルチュラル・スタディーズそのものの重要性が減じられたことを意味するのではない。複数の大学でカルチュラル・スタディーズを専門に教えるコースが現れるなど、カルチュラル・スタディーズは単なる一時的な流行ではなく、文化と政治との関係性を考察するための重要な理論的資源として広く受容されている。だが、先述したような批判に対して積極的な応答がカルチュラル・スタディーズの側からなされてきたとは言い難い。これはひとつには、まさしくCultural *Studies*という名称が示すように、カルチュラル・スタディーズが統一的で単数形の理論体系となることを拒否したため、論者の立場によって多様な「カルチュラル・スタディーズ」が存在するというその複数性に原因がある。すなわち、カルチュラル・スタディーズにとって基幹的な「文化」や「政治」という概念ですら、論者間に共通の認識が存在しているとは言い難い。ましてや、カルチュラル・スタディーズにおける文化政治の強調はもはや自明のものとみなされ、両者の関係性が自覚的に議論されることは少ない。このことによって、論者間の議論が噛み合わないままに、いわば水掛け論的な批判の応酬に終始してしまうことも少なくない。

本章ではこうした問題状況を踏まえながら、青年期のホールが中心的に議論した無階級社会論批判を分析することで、若き日の彼がなぜ文化と政治との関係性を最重要課題として対象化したのかを明らかにする。ここで、問題をホールの青年期に限定することには、ふたつの意味がある。

ひとつは、カルチュラル・スタディーズに対してホールが果たしてきた役割と関係している。一九六八年から一九七九年にかけて、ホールはカルチュラル・スタディーズの最重要拠点のひとつであるバーミンガム大学現代文化研究所の代表として、一〇年以上に渡って中心的な立場で研究活動を行い、その職を辞した後もきわめて生産的な仕方でカルチュラル・スタディーズを鼓舞し続けてきた。したがって吉見俊哉のように、多種多様なカルチュラル・スタディーズのなかに「共存する諸々の要素が、すべてこのカリスマ的人物において体現されている」(吉見 1999: 282)と述べたとしても、それは言い過ぎではない。すなわち、ホール青年にとっての問題の所在を明らかにすることは、その後のカルチュラル・スタディーズの展開を考えるうえで、きわめて重要なマイルストーンになると考えられる。

もうひとつは、本書のキーフレーズである「新自由主義の長きにわたる行進」と関連している。ホールはこの「行進」が単純にサッチャーによって開始されたとは考えていない。というのも、それに先立って福祉国家が影響力を弱めていくなかで、サッチャーの台頭に向けた土壌作りが進められていたためである。ただしそれは、保守党の成功というよりはむしろ、労働党の失策に負うところが大きい。福祉国家の黄金時代に青年期を迎えたホールは、労働党が文化政治の重要性を理解していないために状況認識を誤っており、労働者階級をより過酷な搾取のなかに置き去りにしてしまっていることを痛烈に批判している。こうした労働党批判は、その後の新自由主義論においても一貫して主要な論点を形成している。したがって本章での議論は、これ以降の章で扱われる新自由主義論の端緒を開くものとなるはずである。

以上の課題を遂行するために、私たちはまず第二節において、ニューレフト以前(一九五六年以前)のホールの歩みを確認する。このなかで、ホールがそれまでのふたつの伝統(教条主義的マルクス主義、エリート主義的文化論)とどのように向き合ってきたのかを明らかにする。次に第三節では、ホールの議論に先立ち、イギリスにおける福祉国家の成立過程を歴史的に概括する。それによって、当時のホールの置かれていた状況を確認したい。そのうえで第四節では、ふたつの伝統の超克を目指すニューレフト以降のホールの文化政治論の要諦を、無階級社会論批判の具体的な検討を通じて明らかにする。最後に第五節では、青年期のホールの文化政治論をまとめたうえで、その後のホールの議論との関係を論じることとしたい。

二　ホールの生い立ちとふたつの伝統

(1)　植民地と帝国の間隙

一九三二年にジャマイカの首都キングストンで生を受けたスチュアート・マクファイル・ホールにとって、家庭は心休まる場ではなかった[1]。地方出身で貧しく肌の色の濃い父親と、幼い頃から裕福な家庭に預けられたために宗主国志向が強く肌の色の薄い母親との関係性に象徴されるように、「植民地化された状況における地域的なものと帝国的なものとの葛藤」（Chen 1996: 484=1996: 8）の只中に、ホールは家族の誰よりも濃い色の肌を持って生まれた。彼の姉は、生まれたばかりのホールをみて、自分よりもずっと肌の色の濃いその赤ん坊がみずからの弟であるとは認識しなかった。すなわちホールの肌の色は、身体的にも文化的にもみずからとは異質な存在として姉の目に映ったのである。こうした家庭環境は、「周縁者」「外部者」としてのアイデンティティを内面化するようホールに迫り、事実ホールはそうした自己認識のもとで成長していく。

一九五一年、一九歳になった彼は、ジャマイカから、あるいは家族から逃れるように、母親の希望通りオックスフォード大学への留学を果たす。こうしてイギリスへと移住し、家族という桎梏から解放されたホールであったが、そこには彼の学問的・政治的活動を阻害するふたつの壁が高くそびえていた。その壁の名は、「教条主義的マルクス主義」と「エリート主義的文化論」である。

(2) 教条主義的マルクス主義――「土台・上部構造」論への懐疑

一九九〇年代末、ホールは「多民族イギリスの未来についての委員会 The Commission on the Future of Multi-Ethnic Britain」と呼ばれる委員会の委員となり、多民族国家イギリスにおける文化と政治のかかわり合いについての研究に携わった。この委員会においてひとつの論点を提起したのは、当時のイギリス首相トニー・ブレアによって喧伝された「ブリティッシュネス」概念であった。ブレア率いるニューレイバーは、それまでの集合的な表象であった「イングリッシュネス」概念に代え、より多様な人々を包摂する可能性を秘めた「ブリティッシュネス」概念を旗印に、ますます多様化するイギリス国民の新たな連帯を創出しようと考えていた。ホールが「イングリッシュネス」概念に対して否定的なこの委員会に所属したという事実は注目に値する。なぜなら、祖国ジャマイカの脱植民地革命に共鳴し、反帝国主義的心情に溢れるホール青年が飛び込んだ先こそ、まさに「イングリッシュネス」の最高峰であり、その権威の中枢をなすオックスフォード大学だったからである。

一九五一年、家族から逃れイギリスへとやってきたホールは、ここでも「周縁者」であった。オックスフォード大学へ入学し、そこでどれだけ優秀な成績を修めようとも、彼は「イギリス人」にはなれなかった。なぜなら、後にホールが分析したように、「イングリッシュネス」とは「他の諸エスニシティを周縁化、収奪、置換、忘却することによってのみ生き残りうる」(Hall 1989b: 447=1998: 86) 概念であり、彼がそれを内面化することはできなかったからである。したがって逆説的ではあるが、ホールがイギリスへの留学で成し遂げたのは、みずからの「西インド人」性の発見であった。当時のホールの周囲には、ジャマイカを始め、トリニダード、バルバドス、ガイアナといったカリブ海沿岸諸国からの留学生が多かった。ホールたちカリビアン・コミュニティのメンバーは、宗主国イギリスの中枢において、「自分たちの国々を一つの大きな統一体にするカリブ連邦」(Chen 1996: 492=1996: 17) を構想し、その実現に向けて議論を重ねる日々を送った。

しかし、一九五四年になると、そのメンバーの多くは、祖国の独立運動や独立後の政府の指導者となるべく卒業と同時にイギリスを離れていった。オックスフォードで大学院への進学が決まっていたホールは、新たな関係形成を余儀なくされることとなった。

こうした状況下で、ホールは社会主義者クラブへと接近していく。このクラブは、労働党や共産党、あるいは労働運動に関わっている人々の集会場所を提供するものであり、参加者の多くは学生であった。ホールはここで、後のニューレフトの思想に大きな影響を与えるレイモンド・ウィリアムズと出会う。

その後、ホールたちは社会主義者協会という団体を組織し、クラブからは独立した活動を展開する。後のインタビューのなかでホールは、社会主義者協会を組織した理由について「教条主義的なマルクス主義ではなく、反スターリン主義的で、ソ連を支持するものではないマルクス主義に興味を持っていた」(Chen 1996: 492=1996: 17) ためであると説明している。当時のホールがソ連的な教条主義的マルクス主義[2]を批判した背景には、「土台・上部構造」の比喩に象徴される、経済還元論への強い懐疑が存在した。

次節にて詳述するように、一九五〇年代のイギリス社会は戦後の不況を脱し、空前の好景気を謳歌していた。しかし、こうした状況が、既成左翼に対するホールの不信感を高めることになる。確かに、戦後福祉国家によってもたらされた豊かさは、革命によらずして労働者階級の生活水準を向上させた。しかし、経済の好転が資本主義の諸矛盾を根本的に解決することはなく、労働者は相変わらず抑圧され、搾取され続けていた。それにもかかわらず、一方でイギリス共産党はあくまでもいわゆる窮乏化革命論に固執して待望論的姿勢を崩さなかったし、他方で労働党は好景気による生活水準の上昇に対する素朴な礼賛に終始していた。こうした既成左翼の行き詰まりが、ホールに独立系左派としての道を歩ませることになった。

その後、一九五六年の一連の出来事によって、ホールと既成左翼との断絶は決定的なものとなる。二月二五日のソ連共産党第二〇回大会において、ニキータ・フルシチョフがスターリン批判を行い、ソ連国内におけるスターリン主義の内情が詳らかとなる（志水 1977）。さらに、一〇月二三日のハンガリー事件は、ソ連共産党の野蛮で抑圧的な本性を世界に露見させた。また、同二九日のスエズ危機の際、帝国主義的な意図と行動を示したイギリス軍に対する既成左翼の賛同は、ホールを始めとするニューレフト世代の強い幻滅を惹起した。

こうした出来事をひとつの契機として、一九五六年以降、ホールは学位論文の執筆を断念し、ニューレフトとしての活動を本格化させていく。しかし、なぜホールはそれまで続けてきた学位論文の執筆を断念せざるをえなかったのか。その真意を理解するためには、当時のホールを取り巻いていたエリート主義的文化論と、彼が学位論文の主題としていた作家ヘンリー・ジェイムズについて検討してみる必要がある。

(3)　エリート主義的文化論——文学から「文化」へ

ヘンリー・ジェイムズ（一八四三—一九一六）は、アメリカで生まれ、主にイギリスで活躍した小説家である。彼の実兄はプラグマティズムを代表する哲学者ウィリアム・ジェイムズであり、社会科学の文脈ではこちらの方がよく知られていよう。一方で弟ヘンリーは心理主義小説の先駆者として人口に膾炙しているが、他方で夏目漱石も伝えるように「ヘンリーは哲学のような小説を書き、ウィリアムは小説のような哲学を書く」（夏目［1911］1988: 573）といわれるほどの文章の難渋さでも知られる。

アメリカで生を受けたジェイムズは、旧大陸文化への強い憧れからヨーロッパを作家活動の場とするべく、一八七五年にロンドンへと渡り、その後パリに一年ほど滞在して、パリを舞台にした作品『アメリカ人』を発表する。さらに、一八七六年には再びロンドンに移り、『ヨーロッパ人』『デイジー・ミラー』といった初期の代表作と評される作品を立て続けに発表する。こうした一連の作品に共通する主題は、新世界アメリカと旧世界ヨーロッパとの間の文化的対立であった。それも、単に「表層的なアメリカとヨーロッパの文化の違いを描くのではなく、アメリカ人の前に旧世界の文化の壁が立ちはだかる状況をさまざまな角度から描いていく」（藤野 2004: 52）ことに主眼が置かれていた。たとえば『アメリカ人』では、新興成金のアメリカ人と、彼のような商売人と娘との結婚を阻止しようとするフランス貴族社会との隔絶が描かれている（James 1877=1968）。また、『ヨーロッパ人』ではヨーロッパ育ちのアメリカ人姉弟と、ピューリタン的風土に根付いたアメリカ人との道徳的な対立が、『デイジー・ミラー』ではヨーロッパにやってきた天真爛漫なアメリカ人女性と、ヨーロッパ社会の慣習を気にして社交界から彼女を締め出してしまう先住のアメリカ人との確執が、それぞれ描かれている（James 1878a=1978; 1878b=1957）。

こうした国際的情況を主題にしたジェイムズの作品は、アメリカのみならずヨーロッパにおいても成功を収め、高い評価を獲得した。とりわけ、一九三〇年代以降、雑誌『スクルーティニー』を中心とした文学批評活動を展開していたフランク・レイモンド・リーヴィスは、ジェイムズを一八世紀以降のイギリス文化の「偉大な伝統」のなかに位置づけ、きわめて高く評価している（Leavis 1948a）。リーヴィスによれば、ジェイムズの一連の作品は相異なる伝統と伝統とのもつれを巧みに描き出す「劇と詩の言葉で織りなされた文明批評」（Leavis 1948b: 209=1962: 243）である。このように展開されるジェイムズ論は、序章で述べたリーヴィスの「文化」概念理解と不可分の関係にある。

先述したように、リーヴィスはマシュー・アーノルドの用語法を踏襲し、「文化」を「これまでに考えられ、語られた最善」と規定した。すなわち、アーノルド＝リーヴィスにとっての真の文化とは、産業化の発展に伴い増大した中産階級や都市型労働者階級といった新たな「大衆」のものではなく、それを真に理解することのできる「少数のエリート」のものであった。リーヴィスによれば「我々が人類の過去の経験から何らかの利益を得られるかどうかは、まさにこの少数者次第」（Leavis 1930: 5）である。なぜなら、文化とはそうした少数者によって退廃的な大衆文化から守られなければならないものだからである。

こうしたリーヴィス流のエリート主義的な文化論は、当時のイギリスにおいて支配的となり大学のカリキュラムにも反映されていたため、ホールもまたリーヴィスから強い影響を受けている。そうしたリーヴィスの影響力は、ホールが学位論文においてジェイムズを取り上げようとしたことと無関係ではない。なぜなら、ホールが論文の主題として構想したものこそ、ジェイムズの小説においてリーヴィスが評価した文化間の衝突、ホールがインタビューで語った言葉を借りるなら「アメリカとヨーロッパの文化的 - 道徳的対照」(Chen 1996: 498=1996: 23) だったからである。

しかし、そうした主題の選定が、リーヴィスのように単にエリート主義的な志向性によるものではなく、ホール自身の生い立ちに根ざしていることは想像に難くない。幼い頃に父親の所属するスポーツ・クラブに連れて行かれたホールは、イギリス人たちが父親を表面的には受け入れながらも内心では蔑んでいる様子に強い嫌悪感を抱き、激しく葛藤している (Chen 1996)。こうした「イングリッシュネス」との葛藤は、ホールがイギリスに留学し、その文化的位相が変化してもなお彼を苦しめた。彼にとってジェイムズが描き出す文化間の衝突は、まさにみずからを取り巻く状況そのものであり、きわめて現実的な問題であった。ただし、ホールにとって重要なのは、リーヴィス流の「文化」を持たない人々、つまり多くの非エリート層の文化的問題であった。

こうしたホールの志向性は、それまでの「文化」概念の拡張を要請するものであった。後のインタビューで「〔当時の〕私は、文化の問題を『純粋な』文学のなかで考え続けることは、正しくないのではないかと思っていました」(Chen 1996: 498=1996: 24) と振り返るように、ホールにとっての「文化」は、もはや文学という領域内に閉じた問題ではないし、ましてや教条主義的マルクス主義が考えるように単なる経済の反映などでもなかった。

一九五六年の一連の出来事をひとつの契機として、ホールは「『純粋な』文学のなか」で思考していた、ジェイムズについての学位論文の執筆を断念する[3]。当時のホールにとって文化は、経済や政治と同様に、社会を構成するきわめて重要な問題系として立ち現われていたのである。

三　イギリスにおける福祉国家の成立過程

以上のような過程を経てニューレフトとしての活動に専心していくホールであったが、彼の無階級社会論批判の時事論的性格を考慮するならば、まずはホールが直面していた当時のイギリス社会の状況を明らかにしておくべきであろう。

ホールが留学生として初めてイギリスの地を踏んだ一九五一年は、福祉国家イギリスがその「黄金の歳月」の端緒についたばかりの時期であった（Hobsbawm 1994=1996）。したがって、ホールは福祉国家の「黄金時代」の只中で学生時代を過ごし、ニューレフトとしてのキャリアを開始したことになる。そのため、福祉国家において労働者階級にもたらされた一定程度の豊かさと、それを背景に台頭する大衆社会や大衆文化が、青年期のホールに強烈な印象を与えたことは想像に難くない。

本節では、ホールの議論に先立ち、イギリスにおける福祉国家の成立過程を概括し、いかに大衆消費社会が形成されたのかを検討する。[4]

(1) 自由党の社会帝国主義政策

二〇世紀中葉に現出した福祉国家イギリスの黄金時代にとって、二〇世紀初頭の自由党による社会帝国主義論に基づく諸政策こそがその端緒を開いたと考えることができる。社会帝国主義論とは、「帝国主義を、政治権力構造を含む社会の現状を維持し安定化させるための国内戦略として、つまり社会主義者の議論に対抗して、支配階級が全国民を結集して国家と帝国の防衛にあたらせる広範な内政統合、社会統合の手段として解釈する理論」（川上編 1998: 324）を指す。これは具体的には、労働者階級を既存の政治・社会体制に取り込むための社会政策の実施と、その財政的・経済的基盤を確保するための領土拡張政策と軍備、特に海軍力の増強を意味していた。

後の福祉国家との関連で重要な社会改革の多くは、一九〇八年に成立したハーバート・ヘンリー・アスキス自由党内閣で行われた。社会政策の実施を公約していた自由党は、すでに一九〇六年に労働争議法、労働者災害補償法改正法、学校給食法、海運法を制定して一定の改革に着手していた。しかし、アスキス内閣では、社会改革を重視する急進派のデイヴィッド・ロイド・ジョージが蔵相に、ウィンストン・チャーチルが商務相に就任したことで、改革への機運がより高まっていた。アスキス内閣は、一九〇八年に炭坑夫八時間労働法と老齢年金法を、翌年には職業紹介所設置法を成立させた。さらに一九一一年には社会改革の最大の成果とされる国民保険法を制定する。同法は健康保険と失業保険からなり、労働者・雇用者・国家がそれぞれ一定額を負担する拠出主義に基づき、(失業保険は一部の産業労働者に限定されたものの) 一律強制加入を原則としていた。

こうした社会改革は、他方で新たに二七〇〇万ポンドの歳出増をもたらしたため、政府にとって財源の確保が至上命題となった。また、社会政策と並行して、社会帝国主義論のもうひとつの柱である帝国主義的膨張政策、とりわけドイツ海軍の大拡張計画に対抗した海軍増強 (英独建艦競争) が展開されたことで、さらに財政は逼迫した。蔵相ロイド・ジョージは、度重なる貴族院の猛反発を跳ね返し、一九一〇年四月に土地課税を中心とする直接税によって膨張する帝国主義財政を賄うという画期的な財政改革を行い、社会帝国主義政策路線を定着させた。

以上のような自由党の諸政策によって、イギリス社会に後の福祉国家の礎石が据えられることになった。しかし、一九一四年に勃発した第一次世界大戦は、順調にみえた自由党の改革の歩みを鈍らせ、頓挫させてしまう。それに伴い、改革の主体は第三党であった労働党へと移っていくことになる。

(2) 第一次世界大戦と労働党の躍進

一九一四年七月、オーストリア・ハンガリーによるセルビアに対する宣戦布告によって開始されたこの戦争は、ドイツがオーストリアを、ロシアがセルビアを支持して参戦したことでその規模を拡大させていく。

イギリスはドイツのベルギー侵攻を受けて八月に参戦し、ドイツ・オーストリア側との戦いを開始した。当初、イギリスでは短期間で戦いに勝利できるとの見解が大勢であった。しかし、翌一九一五年春に戦争長期化の兆しがみえるに及んで、イギリスは本格的な総力戦体制の構築に乗り出した。アスキス首相は、自由党による単独内閣を解消して連立内閣の組織化に踏み切った。この連立内閣には、保守党だけでなく第三党であった労働党の指導者アーサー・ヘンダーソンも教育相として加わることで、主要政党間の協力による戦争指導体制が整えられた。その後、一九一六年には戦時体制に関する自由党内の分裂を反映し、より効率的な戦争指導体制の導入を主張するロイド・ジョージがアスキスから首相の座を奪い保守党との連立内閣を組閣するが、労働党は政府と密接な協力関係を維持し、一貫して戦争支持体制を崩さなかった。第一次世界大戦は、イギリス帝国内諸地域を巻き込みながら膠着状態を続けた。しかし、一九一七年四月のアメリカ参戦によって、イギリスを始めとする協商国側は大いに強化され、ついに一九一八年、ドイツ側の降伏によって終戦を迎えた。

第一次世界大戦がもたらした社会的な変化として、ここでは二つの点を指摘したい。第一に、第一次世界大戦が国民の間の所得平準化傾向を促した点である。戦前の一九一一年には年収五〇〇〇ポンド以上の最富裕層が個人総所得の八%を得ていたのに対し、戦後の二四年には当該層の所得は五・五%へと減少した（川北編 1998: 341）。こうした変化は、戦費調達のために所得税率が大幅に引き上げられるとともに、高額所得者に対して特別付加税が課せられたことに起因する。さらに、完全雇用状況と労働組合の組織拡大[5]のもとで、とりわけ半熟練労働者や未熟練労働者の賃金水準が上昇したことも、こうした平準化を促進した。

第二に、第一次世界大戦がその後の労働党の台頭を促した点である。一九二二年一〇月にロイド・ジョージの跡を襲ったアンドルー・ボナ・ローが保守党単独内閣を組閣したことで、戦時体制は終焉を迎えた。二三年五月にローは健康上の理由で首相を辞任したが、跡を継いだスタンリー・ボールドウィンは、同年一二月の庶民院選挙で過半数の獲得に失敗する。この選挙の結果、第二党となった労働党[6]は第三党の自由党の協力を得て、ラムゼイ・マクドナルドを首班とした政権運営を担うことになった。このマクドナルド労働党政府は、さしたる独自性を示すことなく、わずか一〇か月で保守党へと政権を譲り渡すことになったが、これ以降保守・労働による二大政党政治が展開されることとなる。自由党が第一次世界大戦以来の分裂を克服できず、改革の政党としてのイメージを喪失していく反面、改革を担う新たな政治勢力として労働党は確かな地歩を固めていくことになる。

(3)　伝統的輸出産業の衰退と世界恐慌

一九二四年の総選挙で大勝した保守党は、ボールドウィンを首相として二九年まで政権を担当した。この第二次ボールドウィン内閣では、ネヴィル・チェンバレン保健相の下で拠出制の老齢年金や寡婦年金の制度が整えられ、失業保険制度が拡充された点が注目される。これらの政策は、福祉国家への歩みが一九二〇年代にも継続されていたことを示している。

しかし同時に、当該内閣が多くの失業者を生み出した点も看過できない。自由党から保守党へと鞍替えし、大蔵大臣として入閣していたチャーチルは、一九二五年に大戦以来中断されていた金本位制への復帰を断行した。その際、イギリス政府は大戦前の通貨レート（1£ = 4.86$）を採用したが、これは明らかにポンドの過大評価であり、イギリス産業界に大きな打撃を与えた。とりわけ、第一次世界大戦後に国際競争力を失って衰退しつつあった繊維・機械・造船・石炭といった伝統的輸出産業にとって金本位制復帰がもたらした負の影響は深刻であり、こうした産業に依存してきたイングランド北東部や北西部、ウェールズ南部、スコットランド南部などの地域は多くの失業者を生み出し、「不況地帯」と呼ばれた。

この危機的状況をさらに加速させたのは、一九二九年一〇月にアメリカ合州国で生じた金融危機に端を発する世界恐慌であった。すでに一〇〇万人を超えていたイギリスの失業者は二五〇万人に達し、国際収支も赤字に転じるなど、イギリス経済の苦境はさらに深まった。一九二九年六月の総選挙で初めて第一党として組閣したマクドナルド労働党政府は、一九三一年五月にオーストリアのクレジットアンシュタルト銀行が破綻したことを受け、八月に失業手当の一〇%切り下げを含む緊縮案を作成し、恐慌克服を目指した。しかし、失業手当削減案は労働党の支持母体である労働組合会議の激しい反発を招いた。さらに、党内の大勢もそれに批判的であったため、マクドナルド首相やフィリップ・スノウドン蔵相らは孤立し、方向性を失った労働党政府はその月のうちに瓦解した。

経済危機に起因するこの政治危機は、保守党が中心となって、労働党を除名されたマクドナルドやスノウドン、さらには自由党のジョン・サイモンらを含む挙国一致政府を樹立することによって収拾された。この政府はマクドナルドを首相に据えた連立政権ではあったが、「挙国一致」とは名ばかりであり、政府の実権は枢密院議長ボールドウィンや大蔵大臣チェンバレンら保守党指導者が握っていた。挙国一致政府は、失業保険の一〇%削減などの緊縮政策を実施するとともに、一九三一年九月に金本位制の再停止を断行し、さらに三二年二月には輸入関税法を制定して保護貿易体制を採用した。金本位制の停止によってポンドの価値は他の通貨に対して約二〇%下落し、イギリスの輸出産業が直面する状況はある程度の改善をみた。

ただし、イギリス経済の恐慌克服を直接に牽引したのは、住宅建設のブームと新興産業の発展であった。住宅建設ブームは、挙国一致政府の低金利政策に加え、人々の実質賃金の上昇を背景に、一九三二年から三七年まで持続した。こうした住宅建設の動きは、経済の再活性化の原動力となった。さらに、第一次世界大戦後のイギリスでは、伝統的輸出産業が衰退する一方で、自動車・電機・化学など国内市場指向型の新たな産業が発展した。その活力は目覚ましく、イギリスの恐慌からの脱出を助けた。こうした新興産業はロンドンを中心とする地域を主要拠点としており、この地域では「不況地帯」とは対照的に、人々がそれまでにない豊かな生活を享受できた。

したがって、一九三〇年代のイギリスには、「不況地帯」に代表される失業・貧困と、短縮された労働時間と上昇する賃金を背景とする豊かな生活とが共存していた。この時期、深刻な貧困を抱えた地域は地理的に限定されてはいたが、「ふたたびそのような状況を生み出さないようにとの思いが少なからぬ人々のあいだでいだかれたことが、第二次世界大戦をへて戦後に福祉国家体制が発足する背景となった」(川北編 1998: 357) ことは重要である。

(4) 第二次世界大戦と社会改革構想

戦後の福祉国家体制に向けた社会改革にとって、「反ファシズム戦争」としての性格を持った第二次世界大戦の有する意義はきわめて大きい。それは、ファシズムに抗して民主主義を守るための戦争に参加することが、翻って自国内の民主主義的な社会改革構想を大きく前進させたからに他ならない。

一九三〇年代を通じて、イギリスはファシズム勢力の台頭に対して、それが自国の権益を直接脅かすものでない限り、一貫して宥和的な政策をとった。一九三一年の日本による満州事変に際して、マクドナルド挙国一致内閣は主要列強のなかで最も宥和的な姿勢を示した。こうした姿勢は、一九三三年にヒトラーが政権を握ったドイツに対しても、一九三五年にエチオピアへの侵略を開始したイタリアに対しても同様であった。

一九三五年五月に成立した第三次ボールドウィン保守党内閣もまた、翌三六年三月の第一次世界大戦後非武装地帯とされていたラインラントへのドイツ軍による進駐や、七月に勃発したスペイン内戦に対して宥和的な姿勢を貫いた。スペイン内戦に際しては、ドイツ、イタリアがフランシス・フランコ将軍に率いられた反乱勢力を公然と支援していることを知りつつ、フランスとともに「不干渉政策」をとってスペイン共和国政府への援助を拒み、結果的には反乱勢力に有利な状況の創出を助けた。

こうした宥和政策は、一九三七年五月にボールドウィンの跡を襲ったチェンバレン保守党内閣において、さらに積極的に推進された。しかし、この頃になると宥和政策の破綻が顕在化する。一九三八年、ヒトラーにチェコスロヴァキアのズーデン地方の割譲を求められた際、チェンバレンはミュンヘン会談においてこの要求を承認した。ところが、一九三九年三月にドイツがチェコスロヴァキアを解体したことで、宥和政策による平和の確保が一時的なものに過ぎないことが明らかになった。ドイツはさらに対外拡張を進め、八月にポーランドへの侵攻を開始した。ドイツに対するイギリスの宣戦布告が九月まで発せられなかったのは、チェンバレンがなお宥和政策から離脱出来ていなかったことを示している。

宥和政策からの明確な断絶が画されるのは、一九四〇年四月にドイツがノルウェー、デンマークへの攻撃を開始し、第二次世界大戦が本格化してからである。ドイツの攻撃に対して、英仏の遠征軍がノルウェー南部で試みた反撃が失敗に終わると、イギリス国内ではチェンバレンの戦争指導者としての資質が問われる事態となり、五月に彼は辞任せざるをえなくなった。その後成立したチャーチル内閣には労働党、自由党も参加し、総力戦体制がようやく完成する。

チャーチル内閣成立と時を同じくして開始されたドイツによる対仏攻撃は、ヨーロッパ大陸の戦況を大きく変化させた。ドイツ軍の攻勢に直面したイギリスの大陸遠征軍は、フランス軍とともにイギリスへの撤退を余儀なくされた。フランスの敗勢が明らかになってくると、チャーチルはフランスがドイツの手に落ちるのを防ぐため、英仏両国が連邦を形成するという案を提示した。しかし、フランスはこれに応じず、ドイツと休戦協定を結ぶに至った。このため、イギリスは孤立した状態でドイツ、さらにはイタリアと闘わなければならなくなった。

孤立したイギリスを支えたのは、アメリカの援助であった。一九四〇年九月、アメリカがイギリス帝国内の基地借用の見返りとして五〇隻の駆逐艦をイギリスに与え、さらに四一年三月に武器貸与法を成立させて軍需品・武器・食糧の供給を始めたことは、イギリスにとって貴重な援助となった。一九四一年一二月、イギリス帝国内のマレー半島とハワイの真珠湾に対する日本軍の奇襲攻撃をもって、ヨーロッパとアジアの戦争が結びつき、戦争が真の意味で世界大戦の様相を呈するとともに、アメリカの参戦が決定する。すでにドイツとの戦争状態に突入していたソ連との協力に加え、豊かな物量を誇るアメリカと結ぶことで、イギリスの孤独な戦争は終わりを告げた。戦局はなおも激しさを増していくが、一九四三年のイタリアの降伏、さらには一九四五年のドイツと日本の降伏をもって、第二次世界大戦は幕を閉じることになる。

こうした反ファシズム戦争への参加は、自国内の社会改革に対する要求を喚起した。新聞やラジオでは、「民主主義のための戦争はそれを戦う国の内部での困窮の克服につながるべきであるとの主張がさまざまなかたちでなされた」(川上編 1998: 363)。こうした風潮のひとつの帰結が、一九四二年一二月に政府が発表した社会保険と関連サービスについての報告書、いわゆる「ベヴァリッジ報告」である。ベヴァリッジ報告は、それまで別々に存在し、国民の半分以下しか受給していなかった健康保険、失業保険、年金などを統一した制度のもとに置き、均一拠出・均一給付を原則としてすべての国民に適用することを提言し、「ゆりかごから墓場まで」の社会福祉制度、福祉国家制度の創設を目指すものであった。このベヴァリッジ報告を受けて、労働党・自由党・労働組合会議は報告書の内容の早期実現を主張した。しかし、チャーチルを始めとする保守党・大蔵省・資本家団体などは戦争遂行を第一義とすることを理由に早期実現に消極的姿勢を示したため、その実現は終戦をまたなければならなかった。とはいえ、「反ファシズム戦争」によってもたらされたベヴァリッジ報告が、自由党内閣による社会帝国主義政策以来のイギリス福祉制度の歩みを飛躍的に進めるものであったことは確かである。

(5) 戦後改革と「豊かな社会」の出現

一九四五年五月にナチスが降伏し、ヨーロッパ圏における第二次世界大戦に終止符が打たれた。しかし、戦勝国になったとはいえ、空襲やドイツの潜水艦隊による通商破壊によって、イギリス経済は大打撃を受けていた。

こうした状況下で行われた一九四五年七月の総選挙の結果政権の座に就いたのは、戦時の宰相チャーチル率いる保守党ではなく、福祉国家路線を掲げたクレメント・アトリー率いる労働党であった。アトリー労働党政権は、スタフォード・クリップス、ハロルド・ラスキ、アナイリン・ベヴァン、ジョン・メイナード・ケインズらを擁して社会改革を次々に実行し、急速な勢いで福祉国家化を推し進めた。

労働党内閣の内政改革は、国有化政策と社会福祉政策という大きく二つの柱を持っていた。国有化政策については、主に一九四六年から四八年にかけて、銀行・石炭・航空・電気・鉄道・水道・ガスといった基幹産業の国有化が矢継ぎ早に実施された。こうした急激な国有化政策が鉄鋼業（五一年二月に国有化）を除いて大きな抵抗もなく実現された理由は、対象となった産業の収益率が落ちており、国有化によるテコ入れが自然であるとみられた点に求められる（川北編 1998）。すなわち、国有化政策は社会主義政策というよりも非能率的な企業の国家による救済という性格の強いものであったとみることができる。

社会福祉政策に関しては、一九四六年に国民保険法が、四八年には国民扶助法がそれぞれ成立し、国民を包括的に対象とする均一拠出・均一給付の原則による社会保険制度が整備された。さらに、同じく一九四六年には国民医療制度法が成立し、医療サービスを政府の統括のもとに置き、経費を税金で賄うことで、すべての人々が無料で医療を受けられるようにする仕組みが作られた。

さらに、労働党政府は、住宅建設も推進した。戦争による家屋の破壊、戦後の結婚・出産ブームで国民の住宅への需要は非常に大きかった。アトリー政権は、それが十分ではなかったにせよ、政権担当期間に約一〇〇万戸の公共住宅建設を行っている。

ホールがイギリスへとやってきた一九五一年の総選挙では、「国民に自由を」のスローガンを掲げた保守党が勝利し、第三次チャーチル政権が成立した。これ以降、保守党は、アンソニー・イーデン、ハロルド・マクミラン、アレックス・ダグラス＝ヒュームらが一三年にわたって政権を担当した。労働党にとっては、長い冬の時代であった。したがって、ホールにとってイギリスで過ごした青年期はまさに保守党の時代であり、彼が労働党に対して批判的であったのは、こうした労働党の行き詰まりが影響したと考えられる。

ただし、チャーチル保守党政府は、鉄鋼業や遠距離自動車運送業の国有化を解除するなど象徴的な形で国有化に留保の姿勢を示しはしたが、他の公共事業やサービスの公的所有の継続、社会保険給付額の増額などに示されるように、多くの点でアトリー労働党内閣が推進した福祉国家路線を継承した。

したがって、保守・労働両党の政策の間には、具体的目標や手段の相違こそあれ、広い合意が存在していた。

一九五五年四月、高齢のチャーチルが退き、イーデンがその跡を襲った。イーデンは、野党との庶民院議席数の接近を嫌って、首相就任の翌月に総選挙に打って出た。保守党有利で選挙戦が展開する一方、労働党は党内対立に揺れていた。労働党党首ヒュー・ゲイツケルと党内右派は、産業国有化推進を謳った党綱領を改訂し、経済成長と経営の効率化に基づく福祉国家拡大を目指そうとした。しかし、ベヴァンを中心とする左派は、現綱領死守と一層の国有化の推進を主張した。こうした党内対立によって、労働党は保守党に対する明確な対案を提示することができなかった。こうして総選挙に圧勝した保守党であったが、その年の夏には経済危機・ポンド危機に直面し、厳しい政権運営を迫られることになった。

人気の急落したイーデンに代わり、蔵相であったマクミランが一九五七年一月に首相の座についた。この時期には、景気刺激策が功を奏したようにみえた。一方で失業やストライキは増加していたが、他方で洗濯機・掃除機・テレビなどの耐久消費財が普及し、自動車や住宅の所有が増加するなど、人々の一般的な生活水準が向上した。マクミランは、一九五九年一〇月の総選挙に際して、「こんないいこと、いままでなかった」というスローガンを掲げて戦い、圧勝を収めた。もちろん、彼のいう「豊かな社会」に問題がないわけではなかったのは、先にホールの疑念に関して述べた通りである。しかし、この時代に多くの人々がそれまで以上の豊かさを手にしたことは確かであり、福祉国家はまさにその黄金時代を迎えたのである。

四　ホールの無階級社会論批判

(1)　青年ホールの思想的課題

ジェイムズに関する学位論文の執筆を放棄したホールは、社会主義者クラブや社会主義者協会で出会った有志とともに『ユニヴァーシティーズ・アンド・レフト・レビュー』誌を創刊し、ドグマ化したマルクス主義とは距離を置いた活動を展開する。後に、エドワード・パルマー・トンプソンが主宰する『ニュー・リーズナー』誌と合併し、ホールを編集長に据えた『ニューレフト・レビュー』誌へと発展するこの雑誌を中心に、イギリスにおける初期ニューレフトが形成されたことは先に述べた通りである。

ニューレフトとしての活動を開始したホールは、その最初期の論考において、みずからの思想的課題を明示している（Hall 1958）。それは、先述したふたつの伝統と関連している。彼は、議論を始めるにあたって、フリードリヒ・エンゲルスがヨーゼフ・ブロッホに宛てた手紙から次の一節を引用する。

唯物論的歴史観によれば歴史において最終的に規定的な要因は現実生活の生産と再生産である。それ以上のことをマルクスも私も今までに主張したことはありません。さて、もしだれかがこれを歪曲して、経済的要因が唯一の規定的なものであるとするならば、さきの命題を中味のない、抽象的な、ばかげた空文句にかえることになります。（Engels 1890=1975: 401-2）

この引用をもってホールが主張するのは、経済的要因を「唯一の規定的なもの」と考え、上部構造のすべてを土台へと還元してしまうような、教条主義的マルクス主義の経済決定論を捨て去らねばならないということである。こうした主張の背後には、当時の「豊かさ」に対するホールの懐疑がある。先にも述べたように、戦後不況を乗り切ったイギリスは、一九五〇年代以降好況に転じ、労働者階級の生活水準は上昇した。しかしホールは、この経済的な「豊かさ」が労働者階級の諸問題を解決するどころか、むしろその所在を見えづらくする方向に働いたと考えていた。彼は、経済的次元を過剰に強調することで、現実の労働者階級が置かれている状況を把握し損なっている既成左翼を激しく批判する。そのうえで、「最初の偉大な修正主義者」（Hall 1958: 31）であるエンゲルスに依拠しながら、マルクス（主義）理論における上部構造の相対的な自律性を再考することが必要であると主張した。

こうした文脈で、ホールはウィリアムズが主張する「ひとつの生活様式全体」としての文化に着目する。ウィリアムズは、トマス・スターンズ・エリオットが主張する人類学的文化概念に依拠しながら、大衆の娯楽や慣習といった雑多な生活様式をも含むものとして文化概念を再規定した（Williams 1958）。こうしたウィリアムズの文化概念は、ホールの志向性にきわめて適合的であった。なぜなら、生活水準の上昇した労働者階級を分析するためには、既成左翼のように経済的土台のみに注目するのでは不十分だとホールが考えていたためである。経済という最終的な審級に加えて、労働者階級の意識や思考様式あるいは日常的な慣習や嗜好といった上部構造における文化的審級は、他の審級にどのように作用し、それによって労働者たちの生はどういった影響を被るのかということが、ホールにとってきわめて重要な問題であった。

したがって、ホール青年は資本主義社会における文化の機能分析をみずからの思想的課題として位置づける。すなわち、ニューレフトとしてのホールの思想的営為は、「土台と上部構造との相互浸透を、現代資本主義が内包する諸傾向を議論するための分析枠組みとして用いるための試み」（Hall 1958: 32）であった。それはまた同時に、当時の彼を取り巻いていたふたつの伝統を弁証法的に乗り越えようとする試みでもあった。

(2)　「豊かな無階級社会」の罠

こうした課題を設定したうえで、ホールは労働者階級を取り巻く現実の社会関係の分析へと進んでいく。そこで彼が議論の俎上に載せたのは、当時の社会に氾濫していた「豊かさ」言説であった。

戦後好景気は労働者階級にそれまでにない「豊かさ」をもたらした。労働党の中心的イデオローグであったアンソニー・クロスランドは、「人口の大多数が次第に中産階級的生活水準に達しつつあり、同時に中産階級と同じ心理さえ持ちつつある」(Crossland 1956: 286=1961: 60)として、こうした「豊かさ」への傾向が確かなものであると断言していた。

それにもかかわらず、ホールは依然として労働者階級が搾取されているという事実を強調する。それどころか、彼によれば「豊かさ」によって労働者階級の消費習慣が変化し、人々の消費行動が過熱すればするほど、労働者階級はより過酷な「二重の搾取」へとはまり込んでいくことになるという。ホールは、消費行動の変化を次のように描き出している。

> 労働者たちは、みずからの低い購買力のために、生産の場面を除くと商品とのかかわりはほとんどなかった。今日では、購買力の上昇により、労働者が生産者として工場で作った商品を、今度は彼らが消費者として店で買い戻している。(Hall 1958: 28)

このように、「豊かさ」によって消費の場面における商品とのかかわりが増大するにつれて、もはや「労働者たちは生産者としてよりもむしろ消費者としてみずからを認識する」(Hall 1958: 28-9; 強調引用者)ようになるため、「価格が賃金よりも明確な搾取の形態として顕在化」(Hall 1958: 29)することになる。換言すれば、「豊かな」社会の労働者にとっては、生産のみならず消費の過程においても商品はみずからと敵対的な関係を示すということである。このことはすなわち、労働者がそれら双方の過程において搾取されるという生の総体的疎外が生じているということである。したがって、ホールにとってこうした「豊かさ」は、人々の豊かな生からは遥かに程遠いものであった。

さらにホールは、こうした「豊かさ」言説を基礎に、労働者階級の消費行動に強い影響を与えるものとして、当時盛んに喧伝された「無階級社会」という言説に注目する。それによれば、労働者階級が中産階級化するにつれて、理想社会としての「無階級社会」が到来しつつあるというのである。こうした言説は、実際に生活水準が上昇しつつあるという事実によって補完され、当時きわめて現実味を帯びたものとなっていた。

ホールは、こうした「無階級の感覚」が広がるなかで商品が新たに獲得した第三の価値、すなわち「社会的価値」に目を向けている。「無階級社会」ではもはや階級間の対立は問題とならない。そのために、労働者は商品の社会的価値を消費することで、みずからを他者と少しでも差異化させ、階級としてではなく個人として社会的・階層的地位を上昇させ、自己実現を果たそうとしているという。その結果として、労働者階級文化は、ウィリアムズの言う「ひとつの生活様式全体」を維持できなくなり、多様に差異化された「複数の生活スタイル」へと分離してしまうことになる。こうした階級内分断によって、労働者は闘争の主体として階級的に団結することが困難となり、抵抗の契機すら失ってしまうことになる。

こうしたホールの議論は、ニューレフトに影響を与えたリチャード・ホガートの問題意識と親和的である。ホガートは『読み書き能力の効用』のなかで、労働者階級の伝統的な相互扶助的で充実した生活が、新たな大衆文化の影響で変化してきたことに警鐘を鳴らしている。ホガートによれば、当時の労働者階級はかつてないほど経済的にも政治的にも自由であった。しかし、「その自由は気ままな欲望充足を叫びたてる、広大な虚栄の市場の自由」（Hoggart 1957: 145=1986: 143）であり、まさにその欲望を喚起し、それによって従来の階級関係をより強固なものとして再生産する領域こそ文化であった。したがってホガートは「労働者は文化の面で搾取されている」（Hoggart 1957: 201=1986: 193）と結論づける。

こうした問題構成は、先に述べたホールの議論にも引き継がれている。彼がみるところ、クロスランドが喜びとともに見据える「豊かな社会」において、労働者階級は二重（生産 - 消費）に、しかも以前よりも徹底的に疎外され、苛烈な搾取にさらされることを運命づけられている。しかしホールによれば、こうした過酷な運命が待ち受けているにもかかわらず、労働者たちはそれに抗おうとはせず、むしろ資本主義社会を擁護する傾向を示している。こうした矛盾に直面し、ホールは一連の「豊かな無階級社会」言説を生み出すマスメディアの機能分析へと歩みを進める。

(3) マスメディアによる操作と生の全般的危機

青年期のホールが「豊かさ」言説を批判したのは、それが人々の価値序列に転倒をもたらすためである。当時大きな影響力を持ったジョン・ケネス・ガルブレイスの『ゆたかな社会』(Galbraith 1958)で議論されているように、生産の増大が直ちに豊かさをもたらすわけではない。というのも、効率性を追求する市場論理にとって、社会保障や労働組合あるいは環境問題などは経済の発展を妨げる要因に他ならず、その結果、一連の公共サービスは軽視されることになるためである。したがって生産の増大は、ガルブレイスの考えるような社会福祉水準の高い「ゆたかな社会」を必ずしももたらすものではない。

ホールはこうした文脈において、公共サービスを縮小する一方で自動車産業や消費産業への資金援助を拡大する政府を批判するとともに、そのことを自明視する人々の価値序列の形成過程を問題視する。すわなち、衣食住や医療への物理的な根拠に基づく欲求を一定の水準に押し止め、消費への欲求を増大させるマスメディア言説の分析がホールにとって喫緊の問題となった。

そのなかで、ホールがまず注目したものは広告であった。彼は広告の目的が、「労働者を新たな消費の可能性に慣らし、かつて労働者階級意識の一要素であった消費‐購買への階級的抵抗感を打ち砕くこと」(Hall 1958: 29)にあると分析した。ホールによれば、こうした広告の機能は「あなたが二台目の車を買うなら、それはモリスでなければ」という当時の広告文句に象徴的に示されている。すなわち、広告は巧みに階級の桎梏から解放された「あなた」へと呼びかける。こうした呼びかけを通じて、広告は人々をひとりの「消費者」として構築し、彼／彼女らへ「需要の供給」(Hall 1960: 56=1963: 59) を行う。こうした過程を通じて人々は消費者としての規律訓練を施され、さらなる消費へと向かうことになる。

ホールは、同様の傾向を当時急激な勢いで発行部数を伸ばしていた女性写真誌にも見出している。女性誌における「女性」は旧い慣習から解放された自由な無階級社会の一員として描かれているが、それは現代的な消費の客体として解放されたに過ぎず、その自由は「消費者」という立場をとって初めて実現する自由に過ぎない (Hall 1966)。

さらにホールは、マスメディアが社会の「豊かさ」を間接的に経験させる機能を持つと指摘した。彼は、そうした間接的な経験を提供することによって、マスメディアが労働者階級の上昇しつつある生活水準と、大金持ちのカジノでの休日との間に存在する大きな隔たりを、現実の世界ではなく夢の中で架橋していると分析した (Hall 1960)。同様の文脈で、ホールは新聞のゴシップ・コラムニストにも注意を向けている。新聞のゴシップ・コラムニストは、有名人たちの内情を暴くことで、新聞が提供する虚構の社会的世界と読者との間をつなぐ「門番」として機能し、そうした世界をより身近なものとして体験させる (Hall 1967)。こうした想像上の連続性を経験させることは、上層の人々の生活と比べ労働者階級の生活水準の上昇が相対的に小さなものに過ぎないという事実から労働者たちの目を逸らし、そうした問題自体を隠蔽してしまうことになる。

ホールは、こうしたマスメディアの機能が人々の意識のなかに上流階級の生活に手が届くかもしれないという錯覚を生み出し、その錯覚がさらなる消費へのドライヴになっていることを批判する。そのうえで、こうした事態が人々の階級帰属意識の混乱を生み出していることを強調している。こうした混乱は、あたかも社会の階級的基盤が消失したかのような「無階級の感覚」を人々の心に生起させる。しかし、こうした事態は、階級がなくなったということを意味するのではない。それにもかかわらず、労働者たちは虚偽の「無階級の感覚」を発達させ、「豊かな」資本主義社会を擁護するようになる。したがってホールにとって、社会に蔓延しつつある「無階級の感覚」とは、資本による総体的疎外を労働者階級に受容させるために、マスメディアや広告が人々を操作し、彼女ら／彼らに植えつけたイデオロギーとして位置づけられることになる。

こうした一連の分析でホールが明らかにしようとしたように、マスメディアや広告の背後には資本の論理が色濃く反映されている。すなわち、従来、失業の危機を武器に生産の局面において人々を疎外してきた資本が、今度はマスメディアや広告による操作を武器に、消費の局面においても人々を疎外するという事態が生起している。このことは、人間の生全般が資本にからめとられたことを意味していた。

それにもかかわらず、既成左翼は資本主義との共犯関係に陥っていた。というのも、労働党が礼賛する「豊かさ」への幻想や展望は、「無階級の感覚」を再生産あるいは強化し、さらなる消費へのドライヴとなっており、そのことが結果的に人々の総体的疎外を固定化することにつながっていたからである。

ホールは、「『豊かさ』とは文化的な現象」(Hall 1966: 113) であることを強調し、そのことに気づいていない既成左翼を痛烈に批判する。すなわち「豊かさ」言説とは、資本がマスメディアや広告を通じて人々の意識や慣習といった文化的上部構造に働きかけ、消費資本主義へと規律化し、そのことによって土台における二重の搾取を条件づけ可能ならしめている文化的現象である。したがって、ホールにとって、資本主義社会における文化の機能を理解し、メディア言説や大衆文化といった生活世界の文化領域における抵抗を組織することこそが資本主義との闘いであり、それこそ「文化政治」であると規定されたのである。

ホールは消費資本主義社会における文化的上部構造と経済的土台との相互浸透的関係を明らかにし、みずからの長きにわたる文化政治論を開始した。一九六八年に、ホガートから現代文化研究所の代表を引き継ぎ、本格的にカルチュラル・スタディーズを展開するなかで、ホールの文化政治論はさらなる飛躍を遂げることとなる。

五　ニューレフトを超えて

以上、本章ではニューレフトへといたるホールの歩みとホール青年の文化政治論とを、教条主義的マルクス主義とエリート主義的文化論というふたつの伝統との関係から考察してきた。本章の作業によって、ふたつの伝統を超克しようと奮闘するなかから、独自の文化政治論を練り上げていくホール青年の姿が明らかになった。

しかし、その文化政治論がいくつかの限界を抱えていたことは、その後のホールの議論を考えてみると明らかである。最後に、特に重要な点を指摘して本章を終わろう。

第一に、「土台・上部構造」に関する議論のなかで政治的審級が不在である点を指摘することができる。確かにホールは、マスメディアを通じて文化的に権力の配分関係に影響を及ぼそうとする営為を析出し、その政治性を強調してはいる。しかしこうした文化政治が、国家規模あるいは超国家規模での権力の布置構造とどのような関係にあるのかという点についての言及は乏しい。青年期のホールが、文化政治の突破口を見出しえなかった理由のひとつは、こうした体制的な政治的審級と文化的審級とがいかなる相互作用を成し、それらが経済的土台とどのような関係を取り結ぶのかを把握できなかった点に求めることができる。

事実、一九七〇年代以降のホールの思想的営為は、文化的審級と政治的審級との関係性を分析し、そこから社会変革の糸口を析出しようとするものであった。たとえば、「『土台・上部構造』メタファーの再考」(Hall 1977a)では、マルクスのいわゆるフランス三部作(『フランスにおける階級闘争』、『ルイ・ボナパルトのブリュメール一八日』、『フランスの内乱』)を対象とし、そこで政治的審級がいかに相対的に自律した領域として描かれているのかを内在的に検討している[7]。また、アントニオ・グラムシやルイ・アルチュセール、あるいはニコス・プーランツァスらの政治論、あるいはその国家論についての分析を試みている。その成果は、四章で検討する一九八〇年代に行われた一連のサッチャリズム研究において結晶している。

第二に、一連のマスメディアからの影響に対して、ホールの想定する消費者が主体性を欠落させている点が挙げられる。テレビや広告が提供する「豊かな無階級社会」言説を無抵抗のまま内面化し、新聞や雑誌がもたらす上流階級の生活との想像上の連続性を夢みながらさらなる消費へと駆り立てられていく人々の姿に、主体的な反応を見出すことはできない。ホール(Hall 1960)は、人々が単に受動的なだけではなく政治的に無関心な態度を示すことでマスメディアの攻勢に積極的に対応していると主張するが、それとて主体的な抵抗実践からは遠く隔たったものであろう。

とりわけこの点に関しては、後のホールとの差異が最も鮮明に浮かび上がる問題でもある。なぜなら、マス・コミュニケーション論者としてホールの名前を一躍有名にした論文「エンコーディング/デコーディング」(Hall 1980a)において、ホールが最も批判的に捉えていたものこそ、こうした「弾丸理論」的なマス・コミュニケーション理解であったからである。そこで問題になったのは、シャノン＝ウィーバーに代表されるように、メディア・メッセージが送り手から受け手へとそのまま伝達されるようなモデルの直接性・透明性であった。ホールは、送り手がメッセージをコード化する行為をメッセージの生産、受け手がそのメッセージを脱コード化（解釈）する行為をメッセージの消費と捉え、そのどちらもが主体的で多層的な契機を含んでいることを強調した。したがって、メッセージの消費者としての受け手は、単に虚偽意識によって目隠しをされた受動的な存在ではない。生産者である送り手がメッセージに込める支配的な意味に対して、折衝的な立場や対抗的な立場から解読することによって、別の意味を引き出すことのできる能動的な主体である。こうした多様なデコーディングこそ青年期のホールが獲得できなかった語彙であり、そうした主体的な抵抗こそ導くことのできなかったひとつの答えであった。

ホールが青年期の問題に対するアプローチをこのように発展できた背景として、ミハイル・バフチンからの強い影響を指摘できる。ホールはバフチンの「多方向アクセント」概念に依拠して、文化を再解釈している。つまり、ある文化現象は、一定の社会的文脈のなかでどのように強調点（アクセント）を置かれるかによって多様な意味を生み出しうるのであり、「意味するものとされるものとの関係は本来的に非決定であり、組み替えの契機を常にはらんでいる」（小笠原 1997: 49）。だからこそ、メッセージを消費する際の折衝的・対抗的な読解が可能となるのであり、こうした諸々の社会的実践は主体的な「意味付与実践」として理解されるべきものとなる。

どんな社会的実践も、記号の領域——意味付与実践の領域——の外部にはありえない。これは必然的にふたつの立場の変容を要請する。ひとつは伝統的マルクス主義の物質／観念、土台／上部構造という対立図式、もうひとつは社会的実践の総体のなかでイデオロギーを孤立させて論じる立場である。(Hall 1988a: 50)

処女論文から三〇年後、ホールはこのようにみずからの立場を明示している。こうした記述は、青年期に格闘した教条主義的マルクス主義とエリート主義的文化論というふたつの伝統の超克が、三〇年を経てもなおホールの中心的な課題であったことを示している。本章が対象としたのは、こうしたホールの粘り強い理論的営為を支える社会主義的情熱の瑞々しい萌芽であり、まさにその出発点である。

註

1　本節におけるホールのキャリア形成に関しては、主に後年のインタビューでホール自身が語った内容(Bromley 1992; Chen 1996)に依拠して再構成している。

2　本章は、正統なマルクス（主義）解釈を問題とするものではない。本章の主眼は、あくまでもホールのマルクス（主義）理解を正確に析出することにある。したがって、「教条主義的」という言葉も、ホールの用語法に準じて使用する。

3　後年のインタビューのなかで、学位論文の執筆を断念した理由についてホールは次のように語っている。「実際上は一九五六年が原因で諦めたのですが、もう少し深い意味で言うと、私はだんだん研究時間を文化についての文献を読み、そうした興味関心を追求していくことに費やすようになったからなのです」（Chen 1996: 497=1996: 23）。この発言に示されているように、一方でホールにとって一九五六年の既成左翼への幻滅が直接的なきっかけではあったが、他方でより裾野の広い文化概念の獲得もまた学位論文執筆を断念させた一因であったことがうかがえる。

4　本節におけるイギリスの一般的な歴史的事実に関する記述は、村岡・木畑編（1991）、Hobsbawm（1994=1996）、川北編（1998）、毛利編（1999）に依拠している。

5　労働組合会議傘下の労働者数は、一九一四年には四一四万人であったが、一八年には六五三万人まで増加した（川北編 1998: 341）。

6　イギリス労働党は、一九〇〇年に労働代表委員会として結成されて以来、明確な組織的・イデオロギー的独自性を確立できずにいたが、一九一八年の党大会を経て、社会主義政党としての形が整備された。組織面では、それまで団体加盟のみであった党組織に個人加盟制度を付加することで支持層を拡大した。また綱領「労働党と新社会秩序」を制定し、「⑴最低限の生活保障、⑵産業の民主的統制、⑶国家財政の改革、⑷剰余の富の公共福祉への投入、という四項目が党の政策の柱として打ち出された」（川北編 1998: 348-9）。

7 ホールは、フランス三部作のなかでも『ルイ・ボナパルトのブリュメール一八日』を「経済との関係において政治的審級の『有効性』や独自性を分析した古典的な事例」（Hall 1977a: 56）と位置づけ、特に高く評価している。ホールによる詳細な分析は、ホール（Hall 1978）を参照。また、こうしたホールの問題提起に対する応答として執筆された北村寧（北村 1983）も併せて参照されたい。

第二章　逸脱とモラル・パニック

一　逸脱とヘゲモニー

一九七二年八月一五日の深夜、家路を急ぐひとりの男性がロンドンのウォータールー駅近くで強盗目的の三人組の若者によって刺殺された。この事件をきっかけに、イギリス社会は若者、とりわけ黒人少年たちによる逸脱行為に対する激しいパニックに陥った。

当時バーミンガム大学現代文化研究所の代表を務めていたホールは、そうした状況をモラル・パニックという言葉で形容し、研究所内にプロジェクトチームを作って詳細な研究を行った。このモラル・

パニックという言葉は、一九六〇年代の逸脱的な若者文化研究において、スタンリー・コーエンが提示した概念である。彼はモラル・パニックを次のように説明している。

〔モラル・パニックが発生すると〕ある状況、出来事、人物、もしくは集団が社会的価値と利害への脅威として定義される。……パニックは過ぎ去り忘れ去られることもあるが……時には深刻で長期的な反響をもたらし、法政策や社会政策に変化をもたらすだけでなく、社会がどのように社会自体を認識するかにまで変化をもたらすこともありうる。(Cohen 1972: 1)

つまりモラル・パニックとは、支配的な価値規範や利害関係からの逸脱に対する道徳的な憤りをその原動力として駆動する現象である。一九六〇年代にはロッカーズやモッズといった逸脱的な若者文化集団が登場し、その影響力のゆえにメディアに繰り返し取り上げられたことで、広範な道徳的反発を引き起こした。コーエンは、そうした若者集団が社会規範にとっての敵、彼の言葉を使えば「民衆の悪魔 folk devils」(Cohen 1972: 2) として構築され、スケープゴートにされていく過程をモラル・パニックという言葉で分析した。

ホールがこのモラル・パニック概念を重視したのは、それが逸脱を通じた社会の自己認識の問い返しという契機を内包しているからである。序章でも触れたように、ホールは逸脱現象を単に逸脱者個人の社会化の問題としてではなく、社会全体の構造変動の兆候であると捉えていた。なぜならそれは、共通価値によって統合された社会における「常識」の文化的再生産過程に生じた綻びだからである。

一九六〇年代以降、アントニオ・グラムシやルイ・アルチュセールの議論に傾倒したホールは、「常識」の持つイデオロギー的な機能をとりわけ重視していた。常識とは、一般にイメージされるほど自明なものでも、「自発的」なものでもない。ホールは常識を次のように説明する。

> 常識を等しく「自発的」で、イデオロギー的で、無意識的なものにしているのは……まさにその「自発的」性質であり、透明性であり、「自然さ」であり、根拠となっている前提を疑うことに対する拒絶であり、変化や修正への抵抗であり、瞬時に承認されるという効果である。(Hall 1977a: 325)

常識をこのように捉えるならば、それが社会におけるヘゲモニーの維持・再生産にとって重要な機能を担っていることが理解できる。なぜなら、常識の主要な機能とは、文化的に特殊な事柄を自然で普遍的なものとして提示し、相手に疑義を差し挟む機会を与えないままに同意を獲得することだからである。グラムシやホールが考えるように、同意に基づく支配であるヘゲモニーがみずからを常に再獲得し続けなければならないのだとしたら、相手からの同意を引き出すことのできる常識の機能はきわめて重要なものとなる。

このことは、常識と逸脱との関係性を理解するうえで最も強い影響力を持つマスメディアに、直ちに私たちの目を向けさせる。ホールが分析するように、ある事象が正当か否かを判断するための「常識的説明」(Hall 1971: 20) を人々に提示するのであれば、マスメディアは現状のヘゲモニーの再生産にとって決定的な重要性を持つことになる。

したがって、一九七二年八月に若者による殺人事件が発生し、この事件をめぐるマスメディアの報道に端を発するモラル・パニックがイギリス中を席巻した時、ホールはそれを戦後合意によって形成されたヘゲモニーの再生産をめぐる政治的かつイデオロギー的な危機と認識した。すなわち、戦後社会を特徴づけていた「合意に基づく政治」が徐々に「強制に基づく政治」へと転換していく危機の端緒を、このモラル・パニックの内に見出だしたのである。本章の結論をいくらか先取りして述べるならば、これはその後のサッチャリズムの台頭にとって重要な要素であり、「新自由主義の長きにわたる行進」の露払いとなる現象であった。

そこで本章では、このことを理解するために、モラル・パニックをめぐるホールの一連の議論を「モラル・パニック論」として整理し、その内容を詳らかにすることを目的とする。さらにそのうえで、このモラル・パニック論と一九八〇年代以降に展開されるホールのサッチャリズム論との結びつきについても言及したい。イギリスにおいてサッチャリズムという新自由主義に基づくプロジェクトが階級横断的に受容される過程を把握するためには、モラル・パニックについて理解することがどうしても必要となる。

そのために本章では、以下のように議論を進めることにしたい。まず第二節において、イギリスにおける移民の歴史を概括し、一九七〇年代当時イギリスの人種的マイノリティが置かれていた状況を整理する。次に第三節では、一九七二年の事件を契機としたモラル・パニックの発生過程をホールの分析に基づいて確認する。そのうえで第四節では、一九六〇年代および一九八〇年代のホールの研究と関連づけながら、彼にとってのモラル・パニック論の位置づけを検討したい。

二　イギリスにおける移民と人種主義

(1)　第二次世界大戦以前の移民[1]

今日の多民族国家イギリスの姿からは想像し難いが、第二次世界大戦以前のイギリスは、伝統的に移民の受け入れに対して積極的ではなかったし、一般に移民受け入れ国とはみなされていなかった。事実、一九三九年までは定住するための入国者数よりも、海外への移住者数の方が多かった。この時期、例外的に大量に流入したのは主にアイルランド人とユダヤ人であった。

アイルランド人のイギリスへの移住の歴史は古く、一二世紀のヘンリー二世の治世にまでさかのぼることができる。アイルランド征服を企てたヘンリー二世によって土地を追われた多くの住民がイギリスへ渡り、浮浪者や日雇い労働者となった。イギリス政府は、一二四三年および一六二九年に浮浪者排除令を発してアイルランド人を追放しようと試みたが十分な効果を上げることはなく、港町を中心に多数のアイルランド人地区が生まれた。

アイルランド人の大量移住は、一八〇一年のアイルランド併合法前後から本格化し、一八五一－八一年にピークを迎えた。この時期急激に移民が増加したのは、「一方で一九世紀第三・四半期に絶頂になったイギリス産業革命が多数のアイルランド人労働者を必要としたためであり、他方で一八四五－四九年のアイルランドにおけるポテト飢饉がその地に壊滅的打撃を与えたため、大量の貧民がイギリスへ移住しなければならなかったためである」（富岡 1988: 10）。

またこの時期には、多数のユダヤ系移民がイギリスに流入している。ユダヤ人が最初にイギリスにやってきたのは封建制形成期である。一〇六六年のウィリアム一世によるノルマン・コンクエストの結果移住してきたフランス系ユダヤ人は、種々の侵略戦争に関わる多額の費用を負担したことで、イギリス封建制形成へ財政的に寄与した。

一二九〇年にいったん追放されはしたが、一九世紀後半にはロシア系を始め多数のユダヤ人が再びイギリスに流入し、ユダヤ人地区を形成した。それに対して、イギリス政府は一九〇五年に外国人法を制定してユダヤ人の流入を抑制しようと試みた。しかし、ナチス政権の誕生とともに多くのドイツ系ユダヤ人が亡命するなど、その後もユダヤ人の流入は続いた。

以上のように、必ずしもイギリス政府によって歓迎されたとはいえない第二次世界大戦以前の移民であったが、この時期の移民は対立を抱えながらも着実にイギリス社会に溶け込むことができた。それは、この時期の主な移民が白人移民であり、その移動がヨーロッパ内の移動だったためである。当時のイギリス社会では、言葉さえ覚えれば移民がイギリス的生活様式に慣れるのは時間の問題であると考えられていた。こうした考えに基づく「同化」政策は、戦後大量の非白人移民が流入することで変更を余儀なくされることになる。

(2) 第二次世界大戦以降の移民

第二次世界大戦終結後、イギリスは戦後経済復興による完全雇用と慢性的な労働力不足のため、様々な国からの移民を積極的に受け入れた。この時期の移民は大きく三つのグループに分けられる。第一に東欧からの難民・亡命者、第二に西欧・南欧からの経済的移民、第三に新英連邦諸国[2]からの移民である。

第一のグループである東欧からの難民・亡命者については、ヨーロッパ志願労働者計画とポーランド兵士の受入によるところが大きい。戦後の労働力不足を補うため、イギリス政府はヨーロッパ志願労働者計画を発表し、一九四六—五一年に諸外国からの労働力を史上初めて積極的に受け入れた。

これによって東欧諸国からの難民約一〇万人がイギリスにやってきた。さらに、第二次大戦中にイギリス軍の指揮下にあったポーランド軍兵士に対する道義的責任から、イギリス政府は一九四七年に彼らのイギリス定住を法的に認めるポーランド人再定住法を制定した。これにより、ソ連支配下の祖国へ帰ることを望まなかった約一〇万名のポーランド人兵士がイギリスに定住した。

第二のグループは、ヨーロッパ志願労働者計画の延長として行われた移民導入政策によって、西欧・南欧諸国から選ばれた約一万四千名の経済的移民により構成される。このグループの移民は、労働省の厳格な管理の下でイギリス経済に広く分散し、目立った密集定住をせず、大半は若干年後に帰国している。

第三のグループは、新英連邦諸国からのカラード移民である。一九五一年の段階でイギリスに居住する全移民は約一五九万人いたが、七一年にはそれが約三二三万人へと倍増した（富岡 1988: 20-2）。これを詳しくみてみると、アイルランド系移民がおよそ六三万人から九六万人へ、旧英連邦諸国（オーストラリア、カナダ、ニュージーランド）からの白人移民がおよそ九万人から一四万人へとそれぞれ増加している。しかし、とりわけ注目に値するのは、およそ二三万人から一一五万人へと五倍近い増加を示している新英連邦諸国からの移民である。なかでも多かったのはホールの祖国ジャマイカからの移民であり、その数は五一年には六千人ほどに過ぎなかったが、六一年には約一〇万人、七一年には約一七万人と劇的に増加した。したがって、西インド諸島を始めとする新英連邦諸国からのカラード移民こそが、二〇世紀中葉の移民急増をもたらす原動力となったと考えられる。

この時期にカラード移民が急増した背景として、三つの要因を指摘することができる。第一に、新英連邦諸国が軒並み高い失業率と貧困に苦しんでいたことが挙げられる。とりわけ、西インド諸島の国々は一九四四年のハリケーンによって甚大な被害を受けたために、自国経済が完全に停滞していた。第二に、それまでの移民受入国が次々にその門戸を閉ざしたことが挙げられる。なかでもアメリカ合州国が一九五二年の新移民法（マッカラン法）によって実質的に西インド諸島からの移民受入を拒否したことは、カラード移民たちの目を好景気に沸く宗主国イギリスへと向けさせた。第三に、イギリスが英連邦からの移民を無条件に受け入れていたことが挙げられる。カラード移民の増大を受け、イギリス政府は一九六二年の英連邦移民法によって英連邦からの移住を初めて制限した。しかし、同法が施行されるという噂は駆け込み移民の急増を招き、結果的にさらに多くのカラード移民がイギリスへと移住した。また、同法はすでにイギリスに定住していた移民に合流する被扶養家族の入国を認めたため、制定後も毎年数万人のカラード移民の流入が続くこととなった。

この時期の移民、とりわけカラード移民がイギリス社会に与えた影響はきわめて大きい。カラード移民の流入は、地域において多数の非ヨーロッパ系住民と接する初めての機会をイギリス人にもたらした。白人とは明らかに異なる肌の色をしたカラード移民は「可視化されたマイノリティ」（佐久間 2011: 30）であり、それまでの移民のように同化することのできない「内なる他者」であった。そのため、カラード移民が定住者となるにつれて、可視化されたマイノリティに対する人種主義が激化していくこととなる。

(3) 人種主義と暴動

戦後の好況下で多くの労働力が必要とされた時期に歓迎されてイギリスへとやってきたカラード移民たちは、一九五〇年代後半になってその好景気に翳りがみえ始める頃までには、まったく異なる状況に身を置いていた。多くの失業者が街にあふれるようになると、仕事をめぐってカラード移民と白人労働者との間にトラブルが頻発するようになった。仕事の奪い合いのなかで、白人労働者とテディボーイズ（白人の非行少年グループ）はカラード移民（とりわけ黒人）に対して公然と人種主義的差別を行い、執拗な嫌がらせや暴行を働いた。このように日常的に繰り返される人種主義によって蓄積されたカラード移民の不満が、一九五八年に立て続けに発生する人種暴動[3]として顕在化した。

最初の大規模な暴動は、一九五八年八月二三日にノッティンガム市で発生した。当時のノッティンガムの人口は約三〇万人で、そのうちの一％にも満たない約二千五百人が西インド諸島系やアフリカ系のカラード移民であった。暴動の発端は、閉店間際のパブの外で起きた黒人と白人の喧嘩であった。この争いのなかで、大勢の黒人が六人の白人を刺したといわれている。さらにその後、事件を聞きつけた白人が続々と集結し、ナイフ、かみそり、杭、瓶などを振りかざして応戦したため、乱闘は一時間以上も続き深夜になってようやく収束した。その結果、多くの黒人が負傷し、警官を含む八人が病院に運ばれた。

このノッティンガムの人種暴動は、メディアによって大々的に報道された。こうした報道は、鬱屈していた白人の人種主義的感情を大いに刺激した。報道から一時間も経たないうちに、ナイフや鉄パイプで武装したテディボーイズが、ロンドンのノッティング・ヒル地区で黒人狩りを始めた。この時、少なくとも五人の黒人が撲殺され、路傍に放置された。

こうした人種暴動の発生は、イギリス社会に強い衝撃を与えた。これ以降、政府によるカラード移民の規制が強化された。また、一九六五年には懸案となっていた反人種差別法案が人種関係法として成立し、人種間の融和が図られた。しかしそれ以降も、とりわけ黒人に対する人種主義的暴力や一部の警官による不当な取り締まりは増加し続けた。

ここで重要なのは、こうした人種的対立のなかで、失業や犯罪といったイギリス社会にはびこる諸矛盾の原因を黒人移民に求める本質主義的な論調が形成されたことである。一九六八年の人種関係法改正を受けて行われた、保守党議員イノック・パウエルによる「血の河」演説はその典型である。そのなかでパウエルは、さらなる（黒人）移民の増加がイギリス社会の秩序を乱し、第二、第三の人種暴動が発生することを予言した。こうした風潮のなかで社会的に醸成された黒人移民への嫌悪感や恐怖感が、一九七〇年代にホールが分析対象としたモラル・パニック発生の素地となった。

三　ホールのモラル・パニック論

(1)　イギリスにおけるマギングの〈誕生〉

戦後のイギリス社会はカラード移民をめぐる抗争が絶えず、一九七〇年代に入ってもなお社会的な緊張状態が続いていた。こうした状況下で一九七二年に発生した殺人事件を契機として、その後およそ一年にわたるモラル・パニックがイギリス社会を席巻することとなった。ホールはこの殺人事件をきっかけに、当時みずからが所長を務めていたバーミンガム大学現代文化研究所に研究チームを組織した。この研究チームは、同年に発生した同様の事件の一部始終を分析するなかで、モラル・パニックが文化的・政治的にきわめて重要な現象であることを洞察した。そこでまずは、ホールたちの記述によりながら、モラル・パニックの発生過程を確認することにしよう。

一九七二年八月一五日の深夜、ウォータールー駅近くを帰宅途中の男性が、強盗目的の三人組の少年たちによって刺殺された。新聞は、「悪化するマギング」という見出しのもとに、この事件を次のように報道した。

凶悪犯罪が増大した結果、アメリカではありふれた言葉がイギリスに輸入された。それはマギングである。我が国の警察にとって、これはぞっとするような、新たな犯罪である。(Hall et al. 1978: 3)

同紙によれば「マギング mugging」とは、若者が「自由を奪った被害者の頭を殴打したり喉を締めつけたりといった暴行を働くこと、または武器を所持しているか否かにかかわらず、暴力によって金品を奪うこと」(Hall et al. 1978: 3) を指す言葉である。しかし、ホールたちはイギリスにおけるこの種の犯罪が、一九世紀以来「ガロッティング garroting」と呼ばれてきたことを指摘する。すなわち、イギリスにおけるこの種の犯罪そのものは、メディアが報道するように新しい現象では決してなかった。それにもかかわらず、従来アメリカにおける犯罪を話題にする際に使用されてきた言葉をメディアが採用したことで、イギリスにおいてもマギングが新たな犯罪として〈誕生〉したのである。

一九七二年八月の事件を皮切りに、メディアはマギングが急速に増加し、イギリスの治安がアメリカ並みに悪化していることを統計的な裏づけのもとに喧伝し続けた。さらに、警察当局がマギングとの「戦争」を公式に宣言したことで、イギリス社会は一九七三年八月までの一三ヶ月間にわたって激しいモラル・パニックに陥った。

ただしホールたちによれば、当時のイギリスの犯罪統計に「マギング」という項目はなく、そもそもマギングの増減を統計的に把握することはできないはずであった。さらに、戦後イギリスにおいて最も顕著な犯罪の増加がみられたのは一九五五年から六五年の時期であり、七二年にはそのピークをとうに過ぎていた（Hall et al. 1978: 10）。したがって、この時期の犯罪件数の増加も、他の時期と比較してとりたてて高い水準にはなかったと考えられる。

それにもかかわらず、この時期には、若年犯罪者に対する教育的処置の伝統は無視され、一〇代の犯罪者であっても三年間の投獄が標準となるなど、厳罰化が進められた。こうした前例のない厳罰化にもかかわらず、一九七二年一一月一〇日に発表された世論調査によると、「インタビューを受けた人々の九〇%がより重い処罰を望んでおり、七〇%がさらなる政府の緊急政策を求めていた」（Hall et al. 1978: 8）。こうした結果は、メディアによってもたらされたモラル・パニックが、いかに人々の恐怖心や不安感を煽ったのかを示している。

⑵　人種化されるマギング

一九七二年に発生したマギング・パニックのなかで最も世間の耳目を聳動させたのは、同年一一月にハンズワースで発生したマギングであった。ホールたちは、このマギング事件を事例研究として取り上げ、詳細な分析を行っている（Hall et al. 1978: ch.4）。ここからは、この事例分析を通じて、マギングが黒人性と接合されていく過程を確認しよう。

一九七二年一一月五日の夜、パブから帰宅途中の男性が、三度にわたって殴る蹴るの暴行を受け、三〇ペンスと鍵と煙草五本を盗まれた。一一月八日、事件当日に被害者を最初に発見し、警察と救急に通報した三人の黒人少年が強盗殺人未遂の疑いで逮捕された。この事件は、わずかに三〇ペンスと鍵と煙草五本のためだけに凶行に及んだことに加え、主犯の少年が一六歳と低年齢だったこともあり、メディアの強い関心を惹いた。

一九七三年三月一九日、裁判所は主犯の少年に禁固二〇年、残りの少年にそれぞれ禁固一〇年の実刑判決を言い渡した。翌日、「五本の煙草と三〇ペンス」を奪った「一六歳のマギング犯の少年」が「禁固二〇年」に処せられたという衝撃的な見出しが各紙の一面を飾った（Hall et al. 1978: 83-4）。

翌三月二〇日以降、加熱する報道にはふたつの論調が存在した。ひとつは、「少年にとって、二〇年はあまりに長い時間です」（Hall et al. 1978: 87）という主犯少年の母親の発言などを取り上げ、重い判決を批判する論調である。もうひとつは、「ギャングたちは、マギングをスポーツのひとつとみなしているようだ」（Hall et al. 1978: 87）という警察当局の発言などを取り上げ、厳罰は安易に凶悪犯罪に手を染めようとする若者に対する抑止的な効果を持つとして判決を支持する論調である。したがってこの時点で、メディアは「さまざまな意見を対比するあたかも議論の司会者のような中立な役割を演じていた」（毛利 1998: 213）。

しかし、数日のうちに、議論の焦点は判決の是非から、この事件を生み出した社会的背景へと変化する。新聞は、「暴力はどこで生み出されるのか」（Hall et al. 1978: 115）といった見出しのもとに、主犯少年の生い立ち、貧しい家庭環境や住居環境、教育資源の乏しい学校生活やコミュニティ生活を根掘り葉掘り記述し始めた。

　こうした報道は、議論をきわめて単純化することで、あたかも劣悪な社会環境が必然的にマギングを生み出したかのような「パブリック・イメージ」(Hall et al. 1978: 118) の形成を促した。このパブリック・イメージは、黒人移民が多く住むハンズワースを、犯罪の温床としての「ゲットー」、あるいは新たなスラム」(Hall et al. 1978: 118) として構築した。ここで、マギングは黒人性と接合され、イデオロギー的に人種化されることとなった。

(3) 世論と「法と秩序」の社会

　こうした人種化は、マギングをめぐるモラル・パニックにとって決定的に重要である。ホールたちは、モラル・パニックを次のように分析する。

> 危機と、それがマジョリティの社会的経験においてみずからのもの——社会不安——として認識される過程との間の連関は、一連の虚偽の「解決方法」を通じて経験される。それは何よりもまずモラル・パニックの連続という形をとる。それはあたかも、社会不安の高まりが、ある抗しがたい不安を帯びた主題の内外へと恐怖を投影することで、一時的に小康を得るかのよ

うである。(Hall et al. 1978: 322)

すなわち、モラル・パニックとは、移民の増大によって人々が感じていた社会不安や恐怖感の原因を、戦後合意に基づく社会体制の危機そのものではなくある逸脱的集団に転嫁し、当該集団を取り締まることで一時的な安定を得ようとする現象である。さらに、人種化されることによって、黒人移民に対して人々が抱いていた不安や恐怖がマギングに結びつけられ、潜在的犯罪者集団としての黒人移民をいかに取り締まるかが、議論の中心に移行することになった。

ホールたちによれば、結果としてメディアは、あたかもオーケストラにおいて指揮者が様々な音色をひとつの楽曲へと編成するかのように、世論を一定の方向へと水路づけ、イデオロギーを再生産する「大衆の声」として「オーケストレーション」(Hall et al. 1978: 120) する機能を果したと考えることができる。ホールたちがこうしたメディアの働きを強調するのは、それが合意に基づく社会から強権的な「法と秩序」[4]の社会へと向かう、国家の新たな「『権威』を支持する階級横断的な連帯の基盤」(Hall et al. 1978: 177) を提供するからである。つまり、モラル・パニックを通じて高まった社会不安を背景に、国家による強権的な社会統制に対して、人々の能動的同意が引き出されることになる。

したがって、ホールたちはモラル・パニックが「イデオロギー意識の原理的形態」(Hall et al. 1978: 221) であり、「それを通じて、『静かなるマジョリティ』が国家の側でますます強制的になる手段への支持に動員され、『普通以上の』統制執行力に正当性を付与することになる」(Hall et al. 1978: 221) と結論づける。モラル・パニックを通じて獲得した能動的な同意を背景に、支配階級は強権的な警察力による指導によって、より直接的に権威を維持することが可能になるのである。

四　ホール理論におけるモラル・パニック

(1) 無階級社会論批判からモラル・パニック論へ

これまでのホール研究の蓄積を振り返ってみると、本章で扱ったモラル・パニック論をそれまでのホールの知的キャリアとの関係で位置づけようとする試みは決して多いとはいえない。しかし、このモラル・パニック論は、前章で取り上げた無階級社会論批判の論点を発展的に継承した研究成果であり、その結びつきを看過することはできない。

ホールは、戦後福祉国家において実現した「豊かさ」が労働者階級のブルジョア化を促し、結果的に無階級社会が到来しつつあるという言説を批判した (Hall 1958)。彼によれば、無階級社会が実現しつつあるという「無階級の感覚」は、マスメディアや大衆文化を通じて資本が人々にもたらした虚偽意識であり、資本のさらなる搾取を助長するイデオロギーであった。そのため、ホールは「豊かさ」を文化的現象と結論づけていた。

青年期のホールが対象としていたこの「豊かさ」は、戦後合意に対する労働者階級の自発的同意を調達することで「ヘゲモニー的な支配を安定させ、労働者階級の抵抗を打ち砕くために用いられるイデオロギー的なカテゴリー」（Procter 2004: 87=2006: 141-2）と捉え直すことができる。すなわち、労働者階級の「豊かさ」とは、無階級社会へと向かう徴なのではなく、支配階級のヘゲモニーを再生産するためのイデオロギーであり、「豊かさ」を礼賛していた労働党や労働組合は、結果的に国家のイデオロギー装置として機能していたといえる。したがって、「豊かさ」や「無階級の感覚」を通じて資本主義における搾取の構造がより巧妙に隠蔽され、労働者階級に対するより苛烈な搾取がもたらされる、という青年期のホールの指摘は妥当なものであった。

しかし、戦後の好景気が終息し、逸脱の顕在化によって戦後合意が綻びるなかで、「豊かさ」や「無階級の感覚」が真実味を持ちえなくなり、それまでのイデオロギーを通じて合意を引き出すことが困難になった。こうしたヘゲモニーの危機に際して、モラル・パニックを通じた「合意から強制へ」の転換過程を分析した成果が、本章の対象としたモラル・パニック論であった。

(2)　モラル・パニック論からサッチャリズム論へ

一九七〇年代末に、影響力を強めつつあったサッチャリズムの展開過程を分析するなかで、ホールはそれが単にサッチャー個人の資質にのみ帰されるものではなく、そこにいたる遥かに長い過程が存在すると述べている（Hall 1978）。本章で対象とした、ホールのモラル・パニック論は、まさにこの過程の重要な一局面に焦点を合わせたものにほかならない。

詳しい議論は次章に譲るが、ホールによればサッチャリズムはポピュリズム的に人々の能動的な同意を獲得することを通じてその強制力を強化し、それによって、人々を権威主義的にみずからの計画へと動員できたために大きな成功を収めた。つまり、サッチャーが繰り返し、若者や移民によるフットボール場の騒乱、人種暴動、犯罪といった「法と秩序」の危機に言及したのは偶然ではない。そうした一九七〇代以降増大しつつある（とされた）「内なる他者」による逸脱を強調することで、サッチャーは意図的にモラル・パニックを引き起こし、それを通じてみずからの強制力の強化を志向していたと考えることができる。

さらにサッチャーは、「労働者」や「労働組合」を従来の支配的なイデオロギー言説における既得権者と位置づけ、それらに代えて「民衆」や「国民」へと呼びかけた。つまり彼女は、「労働者」や「労働組合」を「民衆」や「国民」にとっての「内なる敵」として構築し、前者と密接な関係にある戦後合意を連想させるもの（国家主義、官僚制、社会民主主義、ケインズ主義など）を「権力ブロック」の構成要素としてひとまとめに批判した。そうすることで、サッチャリズムは人々とともに「民衆の悪魔」に立ち向かっているという印象を獲得することができた。これは、モラル・パニック論においてホールが析出した、モラル・パニックを通じた強制力強化のメカニズムをさらに推し進めたヘゲモニー的実践とみることができる。

こうした二重のイデオロギー戦略を通じてみずからの権威への能動的同意を獲得したことで、サッチャリズムは法律や教育制度といった市場の枠組みへの積極的な介入政策を断行し、その「新自由主義革命」を押し進めることが可能になったのである。

以上のように、本章で取り上げたモラル・パニック論は、新自由主義が台頭するための前提条件を分析したものであると同時に、いったん成立した新自由主義のその後のさらなる権力強化のメカニズムをも明らかにする射程を持った研究であったといえよう。このようにして、「新自由主義の長きにわたる行進」は開始されたのである。

註

1　本節におけるイギリスの歴史的事実に関する記述は、富岡（1998）、巻口（2007）、佐久間（2011）に拠っている。

2　ここでは、一九七一年当時加盟していた西インド諸島、インド、パキスタン、英領アフリカ諸国、キプロス、マルタ、ジブラルタル、スリランカ、香港、マレーシアなどの国々を総称して新英連邦諸国と呼んでいる。

3　こうした「暴動」については、佐久間孝正が指摘するように「マイノリティからすれば、日頃の差別に対する積もりつもった反撃という側面も大きい」（佐久間 2011: 30）ことを念頭に置く必要がある。また、「黒人狩り nigger hunting」に代表される白人による暴力行為の凄惨さは、内なる他者へと向けられた白人側の憎悪や恐怖の大きさを物語っている。

4 「法と秩序」はとりわけ一九七〇年代以降の保守派のスローガンであり、「社会問題とくに人種問題の緩和と警察問題の解消を二つの課題とした」（畠山 1994: 258）。酒井隆史は、それが一方では犯罪や司法領域の政策転換を意味しているが、他方では社会総体への統制拡張を志向する言説戦略でもあったと指摘する（酒井 1998）。ホールたちの議論は、酒井の指摘する後者の側面をより強調しているといえる。

第三章　サッチャリズムの文化政治

一　サッチャリズムのパラドックス

イギリスにおける新自由主義の展開は、マーガレット・サッチャーを中心とするラディカル・ライトの台頭という形をとった。サッチャーは、一九七五年二月に保守党党首に就任するや、新自由主義理論を背景に、労働党政権に対する全面攻撃を開始した。

これに対してイギリスの左翼陣営は、サッチャリズム[1]の台頭を一時的な「右への方向転換」（Hall 1978: 39）と考え、さして重要な問題であるとは認識していなかった。ホールによれば、サッチャリズムを分析する際に左翼がとった立場は三つに大別される（Hall 1978: 40-1）。第一に、資本主義の矛盾が先鋭化することで階級闘争のテンポが速められ、結果的に進歩的な諸力の勝利がもたらされると考える立場である。したがって、この立場に立てば、サッチャーがもたらす危機は歓迎するべきものとなる。第二に、サッチャーの成功を「単なるイデオロギー」として切り捨ててしまう立場である。そこには、イデオロギーとは「現実的な」ものではなく、物質的な要素や政治的な力にはなりえないという前提がある。したがって、時が来れば現実的な経済諸力がその絶対的な決定性を発揮するのであるから、私たちはそれによってこうしたすべてのイデオロギー的妄想が消え去るのを待っていればいいということになる。第三に、サッチャリズムの特殊性を否定し、それをあらゆる景気後退の際にみられる、単なる一般的な現象と考える立場である。この立場によれば、サッチャリズムとは従来から存在してきた変わることのない現象に与えられた新たな名称に過ぎず、とりたてて新たな分析を必要とするものではない。

ホールは、これらすべての立場が教条主義的な経済還元論に陥っており、社会分析としての有効性を欠くばかりか、サッチャリズムという特殊な現象の最も重要な側面を捉え損なっていることをつとに指摘してきた。ホールによれば、結果的にサッチャーが戦後最大の長期政権を維持できたのは、単に新自由主義的な経済政策の成功のためではない。なぜなら、新中間層を中心とした保守党支持層だけでなく、そうした政策によって冷遇されていた労働者階級のなかにもサッチャーを支持し、彼女に投票する人々が少なからず存在したからである。

こうした矛盾を解決するために、他に先んじてサッチャリズムのイデオロギー戦略を対象とし、人々の同意が形成される過程を分析したものこそ、ホールのサッチャリズム論である。それでは、ホールはいかにこの難問を解こうとしたのか。本章では、この点を明らかにする。

そこで本章では、以下、次のように議論を進めていくことにしたい。まず第二節において、サッチャリズム論の背景となった戦後イギリスの社会経済状況を確認し、サッチャーの主要な三政策とその影響を概括する。次に第三節では、サッチャリズムのイデオロギー戦略を検討したうえで、ホールが「退行的近代化」と呼ぶサッチャリズムの反動的な企図を、アントニオ・グラムシとの関係から分析する。さらに第四節では、ホールのサッチャリズム論にとって中心的な「権威主義的ポピュリズム」概念の内容を検討し、サッチャリズムがいかに人々の階級横断的な同意を獲得したのかを解明する。最後に第五節では、ホールの文化政治論におけるサッチャリズム論の位置づけを論じることにしたい。

二　サッチャリズムの社会的背景と主要政策

(1)　福祉国家イギリスの盛衰

戦後の福祉国家イギリスを考えるうえで、一九七〇年代中葉を大きな分水嶺とみなすことができる。[2]

すなわち、この時期に、戦後の混乱から復興し、急成長を続けた福祉国家の「黄金の時代」が終わり、その諸矛盾に対する批判が高まる「暗黒の時代」への移行が起こったと考えることができる。いうまでもなく、こうした移行は明確な断絶をもって成し遂げられたものではなく、漸進的な変化のなかで徐々に生起したものである。したがって、「黄金の時代」においてさえ、綻びは忍び寄る影のように福祉国家イギリスを蝕んでいたといえよう。

それでもなお、一九七〇年代中葉までの時期を「黄金の時代」たらしめたのは、戦後もたらされた空前の好景気と、それに続く高度成長であった。第一章でも簡単に触れたが、戦後の宰相クレメント・アトリー率いる労働党政府は、「社会再建」をスローガンに四つの主要政策――①需要管理政策に代表されるケインズ主義的経済運営、②国民医療保険制度の導入、③主要産業の国有化、④労働組合の権利保障――を軸とした福祉国家化を推進した。これにより、戦後の疲弊したイギリス経済は息を吹き返し、急速に好況に転じた。その後、一九五一年から六四年までは保守党が長期にわたって政権の座にあったが、対立や揺り戻しを内包しながらも、大枠ではそれまでの福祉国家路線が保持され、結果的に好況が維持された。

こうしたなかで、労働党と保守党との間には社会民主主義的な合意が形成されるとともに、政府・資本・労働組合の間にはネオ・コーポラティズム的な協力体制が打ち立てられた。この戦後合意とそれに基づく階級的妥協が一九七〇年代中葉まで維持され、高度成長による福祉国家の「黄金の時代」

表1　主要7カ国における経済成長と社会支出の膨張（1960-1975年）

	GDPの平均成長率（%）	社会的支出の年平均成長率（%）	社会的支出の所得弾力性
イギリス	2.6	5.9	2.3
日本	8.6	12.8	1.5
アメリカ	3.4	8	2.4
カナダ	5.1	9.3	1.8
フランス	5	7.3	1.6
ドイツ	3.8	7	1.8
イタリア	4.6	7.7	1.7

（出所）毛利編（1999：8）の表を基に作成。

を創出したのである。

しかしこの「黄金の時代」が、同時に国際社会におけるイギリスの凋落を決定づけた時代であったことは注目されてよい。このことは、当時のイギリス経済を、他の主要国のそれと比較してみると理解できる。

表1に示されているように、この時期のイギリスのGDP年平均成長率は、主要七カ国のなかで最低水準にある。つまり、イギリスの経済成長率は、「黄金の時代」を迎えていたまさにその時、主要な競争相手国に最も遅れを取っていたといえる。とりわけ、世界の製品貿易に占めるイギリスのシェアは急落し、一九五〇年には二五%、六四年には一四%、八〇年代初頭には八%まで落ち込んでいる。

ところが、社会的支出の所得弾力性[3]に注目すると、イギリスの値は七カ国のなかで最高水準にある。このことは、イギリスが相対的に低い経済成長のなかで、膨大な公的予算を確保するために大きな労力を払わねばならなかったことを示している。

一九六〇年代末になると、国家財政の逼迫・国営企業の非効率性・経済構造の変化・失業率の上昇などが様々なところで指摘され始め、福祉国家的諸政策に対する批判が徐々に高まっていく。一九七〇年に首相に就任した保守党のエドワード・ヒースは、それまでの福祉国家路線から離脱した「ニューライト」路線を打ち出す。ところが、一九七二年のヒースによる政策的「Uターン」や一九七四年総選挙における保守党の敗北・下野によって、福祉国家路線からの離脱は一時頓挫することになる。

それでも高まり続ける福祉国家路線への批判は、公共部門労働者のストライキにまで発展した一九七八年の「不満の冬」において、ついに絶頂に達する。こうした社会状況が素地となり、七九年の総選挙において、サッチャーは歴史的大勝を収めるのである。

⑵ サッチャーの主要政策とその影響

一九七九年五月四日の総選挙における保守党の勝利によって、その後九〇年一一月二八日に辞任するまでの三期一一年七ヶ月に及ぶ、サッチャー長期政権が成立した。彼女にとっての喫緊の課題は、経済を停滞させ、イギリスの国際競争力を削いでいる深刻な「英国病」からいかに自国を脱却させるかということであった。サッチャーの施策は多岐にわたるが、ここでは三つの主要な政策とその影響をごく簡単に概括してみよう。

第一に、それまでのケインズ主義的な需要管理政策に代えて、国家の役割をマネー・サプライの管理に限定するマネタリスト的インフレ対策が講じられた。これによってインフレは抑制されたが、同時に失業者の急激な増加を帰結した。一九七九年五月に一二二万人であった失業者は、八〇年一一月には二〇〇万人を超え、さらに八二年九月には三〇〇万人を超えた。こうした失業者の急増によって、イギリス労働組合会議は、一九七九年から八四年の五年間で組合員の一七%を失い、労働者の交渉力は弱体化を余儀なくされることとなった。

第二に、非効率性を解消するため、電話会社、ガス会社、航空会社、自動車会社など多くの公的企業が民営化された。この政策は、直接には財政支出の削減をもたらしたが、同時にふたつの副次的効果をも生み出した。ひとつは、民営化した企業の従業員に市価よりも有利な価格で株式を譲渡したことで、従業員の九割が株主になったことである。これによって、従来の「資本」対「労働」の構図が解消され、職場が共通の目的を持った共同体へと変化した[4]。もうひとつは、造船会社や自動車会社が国際競争の猛威にさらされるようになったことである。これによって、そうした会社は、強力な組合や労働者主義的伝統とともに数年のうちに消え去ってしまった。

第三に、一連の雇用法(Employment Acts 1980 & 1982)や労働組合法(Trade Union Acts 1984)によって、クローズド・ショップ制やストライキ・ピケットなどの争議行為が厳しく規制された。さらに、これらの法律によって、役員選出のような労働組合の意志決定手続きや内部運営に対する国家の法的介入が可能となったため、労働組合の権力は大幅に減退させられた。

以上、三つの主要政策が、労働組合の弱体化を直接に間接にその目的としていたことは明白である。新自由主義を奉じるサッチャーにとって、競争を阻害する労働組合は「英国病」の病巣に他ならなかった。事実、彼女の任期中、イギリスの労働組合員数は戦後最多であった一九七九年の一三三〇万人から九〇年の九九〇万人へと二五％以上も減少している。

こうしたサッチャーの諸政策に対しては、その在任中から激しい批判が存在した。とりわけ、新中間層を利する一方で労働者階級を切り捨てる強硬な姿勢は、つねに槍玉に挙げられてきた。しかしこのことは、すべての労働者がサッチャーを支持しなかったことを意味するのではない。それどころか、彼女は一九八三年および八七年の総選挙において圧倒的な議席数を獲得して戦後最大の長期政権を維持したが、これは富裕層だけではなく、労働者階級からの階級を超えた多くの支持がなければ達成不可能であった。

ホールが対象としたのは、サッチャリズムに対するこうした階級横断的支持の矛盾であった。では、節をあらためて、その詳細を検討していくことにしよう。

三　イデオロギーと退行的近代化

(1) サッチャリズムのイデオロギー戦略

ホールの分析によれば、そもそもサッチャーを支持している人々は「その細部まで信じているからサッチャリズムに投票するのではない」(Hall 1987: 167=1998: 122) し、「心のなかでは、いまのイギリスの経済が驚くほど好調でうまくいっているなどとは考えていない」(Hall 1987: 167=1998: 122)。このことは、特に第一次サッチャー政権下のイギリスの経済状況を考えてみれば明らかである。この時期、イギリスのGDPは四・二%、工業生産額は一〇%、製造業生産額にいたっては一七%、それぞれマイナス成長を記録している。

それでもなお、サッチャリズムが階級横断的な支持を獲得できたのは、それがイデオロギーのレベルで人々に働きかけ、その行動に影響を与えたためである。

> イデオロギーとしてのサッチャリズムが行うこととは、人々の諸々の心配や不安、失われたアイデンティティに呼びかけることである。それは、我々が想像のなかで政治について考えるよう促す。それは、我々の集合的幻想に、想像の共同体としてのイギリスに、その社会的想像力に向けられる。(Hall 1987: 167=1998: 122)

ここでホールが示唆する「心配や不安、失われたアイデンティティ」とは、第一に国際社会におけるイギリスの凋落に起因するものである。先述した製造業の不振は、伝統的なイギリス文化のアメリカ化を招くのではないかという恐怖感をもたらした。さらに、一九五六年のスエズ危機以降、国際政治におけるイギリスの権威の失墜と、アメリカの圧倒的優位は誰の目にも明らかであった（Rosen 2003）。こうしたイギリスの衰退とアメリカのヘゲモニーは、翻ってかつての大英帝国のヘゲモニーへの郷愁となって、多くのイギリス国民の心を捉えた。サッチャリズムが対象としたのは、まさにこうした郷愁である。すなわち、人々が心の深奥に抱えている『帝国の終焉』といういまだ癒えぬ精神的なトラウマ」（Hall 1988b: 2）に働きかけることで、階級による分断を超えて人々を包摂することができたのである。

第二に、イギリス国内におけるアイデンティティの不安定化の問題を考える必要がある。この点については、前章で扱ったモラル・パニック論の議論が参考になる。そのなかでホールたちは、実際マギングは一九七二年以降減少しているにもかかわらず、メディアはその爆発的な増加を喧伝し、それによって人々の心配や不安が掻き立てられたことを指摘していた。さらにマスメディアによる報道を通じてモラル・パニックが黒人性と接合されるに及んで、それまで鬱積していた黒人移民に対する否定的な感情がモラル・パニックへと向けられ、さらにパニックは激化したのであった。

ジョック・ヤングは、一九七〇年代以降の排除型社会において、時にはモラル・パニックを伴いながら特定の人々が排除されていく過程を「悪魔化」という言葉で説明している（Young 1999）。彼によれば、今日のような多元主義的な社会では、安定したアイデンティティを獲得することがきわめて困難であり、人々は容易にアイデンティティの危機に陥る。こうした不安定な状況から逃れるため、マジョリティに属する人々は、有色人種や移民、若者や貧困層といったマイノリティ集団を、みずからとは異質な生物学的あるいは文化的本質を持った他者として構築する。ヤングによれば、こうしてある集団を「民衆の悪魔」として構築しスケープゴートにすることで、その社会が直面する構造的問題の原因を彼ら／彼女らに転嫁し、一方的に非難することが可能になる。重要なのは、このように悪魔化した他者をみずからとは決定的に異なる、劣った存在として非難することが、翻ってみずからの優位性を確認し、アイデンティティの不安を慰める効果を持つことである。

多元主義的な社会における諸個人のアイデンティティ問題は、先にホールが示唆していた「心配や不安、失われたアイデンティティ」のもうひとつの側面を構成する。すなわち、増大する移民やフーリガンの青年たちによって従来の社会規範や秩序が失われつつあると感じていた人々は、大英帝国以来の伝統のなかにみずからのアイデンティティのよりどころを求めたのである。ホールは、こうした（事実かどうかは疑わしい）「民衆の悪魔」からの脅威に対して、『『イングリッシュネス』や『イギリス人たること』、あるいは『大英帝国よ、再び』といったイギリス人の感情を擁護したことが、サッチャリズムの予想外の人気獲得の鍵となった」（Hall 1989c: 236）と指摘している。

⑵ フォークランド紛争と退行的近代化

ホールは、以上のようなサッチャリズムのイデオロギー戦略が大きな影響力を持った事例として、フォークランド紛争をめぐる諸情況を分析している。ここではその議論を通じて、サッチャリズムの文化政治にとって重要な特徴のひとつである「退行的近代化」概念について検討しよう。

一九八二年、南大西洋に浮かぶフォークランド諸島をめぐり、アルゼンチンとの間で勃発したこの紛争は、その地理上の戦略的価値を考慮しても、イギリスにとって戦費三兆ポンドに値するものでは到底なかった。

それにもかかわらずサッチャーが強硬に出兵を決断したのは、この紛争が彼女の「退行的近代化 regressive modernization」計画の重要な一契機であったためである、とホールは分析する。彼のいう退行的近代化とは、「社会を著しく退行的な形態の近代へと『教化』し規律化するための試みを意味する」(Hall 1988b: 2)。

この退行的近代化概念を理解するためには、ホール自身も示唆するように、当該概念がアントニオ・グラムシの「受動的革命 passive revolution」概念から強い影響を受けていることに注目しなければならない。この概念は、イタリアの歴史家ヴィンチェンツォ・クオーコによって初めて使用されたが、彼に示唆を受けたグラムシは、それをみずからの「陣地戦 war of position」概念と接合しながら独自の概念として彫琢した。

ところがグラムシは、その身の不遇ゆえに受動的革命に関する体系的な記述を残していない。しかし、その断片的な記述から、彼が一九世紀のジャコバン的な急進主義に対する穏健的な自由主義を、あるいは社会主義に対するファシズムを、破壊的な大変動を伴う「機動戦 war of maneuver」によってではなく、長期的な陣地戦を通じてヘゲモニーを獲得した受動的革命として分析していたことが伺える（片桐編 2001: 55-66）。そこから浮かび上がる受動的革命とは、次のような特徴を持つものである。第一に、この「革命」は、支配勢力が対抗勢力を徐々に無力化し、吸収していく息の長い陣地戦によって成し遂げられる。第二に、この「革命」では、進歩的な言説ではなく、伝統的で保守的な言説が呼び起こされる。以上のような特徴を持つからこそ、グラムシは受動的革命を「革命なき革命」、「復古 - 革命」と呼ぶのである。

それでは、ホールのサッチャリズム論に話を戻してみよう。ホールによれば、サッチャリズムが目指したのは「社会を再構築するために国家を変容させ、戦後体制全体を脱中心化し、置換し、一九四五年以降存在してきた政治的和解――労働と資本の歴史的妥協――に基づいて形成されてきた政治文化を一変させることであった」（Hall 1987: 163=1998: 118）。したがって、サッチャリズムとは、保守党とともに戦後合意を形成してきた労働党を弱体化させ、みずからのヘゲモニーを獲得しようとする試みとして理解できる。さらにホールは、それがイデオロギー的な復古を通じた退行的な近代化のプロジェクトであることを強調する。[5] ホールは、サッチャーがフォークランド紛争の際に繰り返し言及した「ウィンストン・チャーチル」と「大英帝国」というふたつのイデオロギー的表象に注目する。ホールによれば、こうした表象を通じて、かつてのナチス・ドイツとの「解放戦争」や、大英帝国の偉大さという暗示的な意味を人々に喚起させ、それによって自分たちを大英帝国になぞらえ、この紛争に大義名分を与えたのである（Hall 1982; Procter 2004）。つまり、サッチャリズムとは、過去のイデオロギー的表象を利用し、過去の栄光の時代へと目を向けさせ、その栄光を回復することが輝かしい未来をもたらすという考えのもとに、人々を後ろ向きに前進させるような矛盾を孕んだ「革命なき革命」なのである。

サッチャーは、フォークランド紛争勝利後の一九八二年七月三日の演説で次のように語っている。

私たちは、まもなく消えてしまう炎が最後に燃え上がるようなことを喜んでいるのではありません。……イギリスを過去何世代にもわたって燃やし続け、再びかつてと同じように明るく燃え始めたあの精神に、もう一度火をつけたことを喜んでいるのです。（Thatcher 1993: 235=1993: 297-298）

ここで、サッチャーが大英帝国以来の伝統のうえにみずからを位置づけ、人々の郷愁に訴えかけていることは明らかである。こうした伝統的な価値に訴える戦略は、内外からの脅威によって、一方ではイギリスへの自信を失い、他方ではみずからのアイデンティティの不安に苛まれていた人々を強く惹きつけるものであった。事実、フォークランド紛争の勝利により、サッチャー政権の支持率は七三％に達する。さらに、翌年の総選挙では、労働党に一四四議席差という歴史的圧勝を収めるのである。

四　権威主義的ポピュリズムと同意形成

以上のようなホールの分析は、確かに説得的なものである。しかし私たちは、次のような疑問を禁じえない。過去の栄光に訴えかける戦略がいかに魅力的であれ、本当にそれだけで、労働者階級の人々はみずからの首をしめるような諸政策を積極的に支持するのであろうか。

ホールは、「人々がサッチャリズムに首尾よく引き込まれたのは、彼ら／彼女らがだまされやすいからでも愚かだからでもないし、虚偽意識によって盲目にされているからでもない」（Hall 1987: 167=1998: 122）ことを強調する。彼によれば、サッチャリズムは「権威主義的ポピュリズム authoritarian populism」として現象したのであり、このことこそがその広範な同意形成にとって決定的であった。それでは、ホールの言う、権威主義的ポピュリズムとは何か。

(1) 権威主義的ポピュリズム概念の形成過程

ホールによれば、そもそも彼の権威主義的ポピュリズム概念は、ニコス・プーランツァスの「権威主義的国家主義 authoritarian statism」概念にその着想を得たものである。この権威主義的国家主義とは、一九七〇年代以降、ネオ・コーポラティズム的な合意が内外からの圧力によって崩壊するなか、新たな情況の契機を特徴づける際にプーランツァスが用いた概念であり、その契機は社会経済的諸領域に対する徹底的な国家の支配によって形成される（Poulantzas 1978）。ホールによれば、当該概念は当時の社会における「強制と同意の新たな結合、すなわち民主主義的な階級支配の外観は元のまま維持する一方で、スペクトル上では強制側へ偏向した結合を表象している」（Hall 1985: 152）点で重要であった。

しかしホールは、権威主義的国家主義概念によってサッチャリズムを分析することには、ふたつの問題があるとする。第一に、プーランツァスは、当時現出しつつあった新たな情況における国家の位置づけを見誤っている。なぜなら、新たな情況において示された戦略は、「徹底的な国家の支配」ではなく、労働党によるネオ・コーポラティズム的戦略の放棄であり、サッチャリズムによる反国家主義的戦略[6]の台頭であったからである。第二に、プーランツァスは、イデオロギー領域における「陣地戦」の重要性を理解していない。ホールによれば、「ヘゲモニーを求める歴史的ブロックは、大衆の不満を支持することを通じて、対立する諸力を中立化し、対立を解消し、大衆の意見の戦略的な諸要素をみずからのヘゲモニー的なプロジェクトへと実際に取り入れることで、大衆の同意を構築する」(Hall 1980: 152) ことが可能となるのである。

ホールにとって、この権威主義的国家主義概念をサッチャリズム分析に応用するための鍵となったのが、エルネスト・ラクラウのポピュリズム論であった。ラクラウは、ポピュリズムが支配的なイデオロギー的言説の危機において出現する一般的な現象であり、「民衆的で民主主義的な審級を、支配的イデオロギーに対して、一つの総和的・敵対的な複合体として提示することを本質とするもの」(Laclau 1977: 172-173=1985: 176) であると規定する。ラクラウの議論がサッチャリズム分析にとって重要であったのは、彼がイデオロギー的表象と階級との必然的な照応関係を断ち切った点にある。彼は「民衆」というイデオロギー的表象について次のように述べている。

〈民衆〉は階級決定とは異なる体制の客観的決定を形成する。すなわち、民衆は社会構成体における支配的矛盾の極のうちのひとつである。すなわち、その矛盾は政治的・イデオロギー的支配関係の総体によって知覚される矛盾なのであって、たんに生産諸関係によって知覚される矛盾ではない。……民衆／権力ブロック間の矛盾は、社会構成体レベルにおける支配的矛盾なのである。(Laclau 1977: 108=1985: 108)

彼によれば、そもそもイデオロギー的表象それ自体は非階級的・抽象的・開放的なものであり、それが階級的性格を帯びるのは、各階級が相争い、ある表象をみずからの階級の言説に分節＝接合する能動的・形成的な過程を経てのことである。したがって、ある個人は一方で労働者でありながら、他方では〈民衆〉という表象を通じて自らの主体を構成しうるのであり、それによってその個人の帰属階級とは異なる階級の接合原理に服従するような状況に置かれうるのである（島田 2009）。

こうしたラクラウのポピュリズム論に示唆を得て、ホールは権威主義的国家主義概念を権威主義的ポピュリズム概念へと発展させ、それに基づいてサッチャリズムをポピュリズムの一形態として分析するのである。

(2) サッチャリズムによる同意形成

ホールは、福祉国家イギリスを支えてきた社会民主主義的な戦後合意の退潮を、ラクラウの言う「支配的なイデオロギー的言説の危機」として措定する。ホールによれば、労働党を中心とする左翼勢力がサッチャリズムの後塵を拝することとなった最大の要因は、こうしたイデオロギーの危機的情況を正しく認識できなかったことにある。

ホールは、そもそも労働党が抱えている重大な矛盾を指摘する（Hall 1978: 46-7）。労働党は、選挙の際に労働者階級と労働組合の利害を代表するものとして自己呈示するが、政権の座に就くや「国益」のために資本への譲歩を余儀なくされる。それによって、党‐階級間の代表関係は反転し、階級利益の促進ではなく、階級組織の規律化のための装置になってしまう。このことは、労働者階級政党としての信頼を損ねると同時に、労働者階級の分断をも帰結することになる。

そうした矛盾にもかかわらず、それまで党‐階級間の代表関係が維持されてきたのは、戦後合意の存在に負うところが大きい。つまり、社会民主主義的な階級的妥協によって、資本による党への譲歩要求が一定水準に抑えられ、労働者の階級利害から大きく逸脱する事態は避けられていたのである。したがって、こうした妥協的なイデオロギーの危機は、党‐階級間の結びつきを弱めると同時に、労働者の階級的連帯を損なうものであった。

こうした情況下で、サッチャリズムはふたつの戦略を展開する。第一に、サッチャーは、「労働者」や「労働組合」を従来の支配的なイデオロギー言説における既得権者と位置づけ、彼ら／彼女らに代えて「民衆」や「国民」へと呼びかけた。ホールによれば、彼女は戦後合意を連想させるもの（国家主義、官僚制、社会民主主義、労働組合、ケインズ主義など）を「権力ブロック」の構成要素としてひとまとめに否定的極へと追いやって批判する一方で、それらによって失われたとサッチャーが考える所有的個人主義、自発性、自由といった要素を肯定的極に据え、みずからをそこへ結びつけた（Hall 1978: 51-2）。これによって、サッチャーは階級対立を「中立化」すると同時に、みずからが「民衆とともに」既得権者に立ち向かっていることを強調した。こうした国家主義的伝統との対立構図のなかで、新自由主義的な反国家介入言説が肯定的極へと接合され、国家主義の伝統に反感を持つ労働者をも含めた階級横断的な同意を獲得したのである。

第二にサッチャーは、一九六〇年代以降問題視されてきた権威の危機の諸兆候、すなわち犯罪の多発、若年世代の道徳的弛緩、福祉依存（「たかり屋 scrounger」）、家族の解体、教育水準の低下といった諸問題を批判する。彼女によれば「家庭でも、学校でも、教会でも、国でも、あらゆる種類の権威は、第二次世界大戦後のほとんどの期間を通じて低下を続けていた。その間、フットボール場の騒乱、人種暴動、犯罪が増えたのはそのためである」(Thatcher 1993: 131=1993: 187) という。このように、サッチャーによって様々に言及される「法と秩序」の危機がメディアによって喧伝されたために、人々の間にはモラル・パニックが広がった。こうしたモラル・パニックは「民衆道徳 popular morality」の高まりを帰結し、権威の復活を求める下からの声をもたらしたのである。

重要なのは、こうした民衆道徳の高揚による権威要請が、上からの強制的な権威復活の試みに接合されたという点にある。ホールによれば、こうした「民衆道徳の言語には、必然的な階級帰属などない」(Hall 1980b: 142) のであり、それによって構成される「民衆の常識 popular common sense」もまた本来的にいかなる階級にも帰属しない。したがって、サッチャーは、高揚した民衆道徳に働きかけ、大英帝国時代以来の伝統的な国民、家族、愛国心、教育、文化といった概念を参照点としながらも、そこへ新自由主義的な言説を接合しながら、階級横断的な新たな〈常識〉を再構成することができたのである。

以上の分析で明らかになったように、サッチャリズムはポピュリズム的に人々の能動的な同意を獲得することを通じてその強制力を強化し、それによって、人々を権威主義的に退行的近代化計画に動員することが可能になったのである。さらに、伝統的・新自由主義的に再構成された〈常識〉のもとで、法律や教育制度といった市場の枠組みへの積極的介入を、民衆の名のもとに正当化することも可能となった。これが、サッチャリズムの権威主義的ポピュリズムである。

五　ホール理論におけるサッチャリズム論

それでは、以上のようなサッチャリズム論は、ホールの文化政治論のなかでいかなる位置を占めるものなのであろうか。

そもそも、ホールがサッチャリズム論を展開した背景には、労働党を中心とするイギリスの左翼に対する彼の深い危機意識が存在した。これまでみてきたように、サッチャリズムの目的は「短期的な選挙での勝利などではなく、長期的な権力の歴史的占有であった」(Hall 1987: 163=1998: 118)。すなわちそれは、戦後を通じて左右両陣営が依拠してきた社会民主主義的な福祉国家の枠組みそのものを破壊し、階級闘争とは異なる次元でネーションの再構成を目指すイデオロギー的な実践であった。ホールは、こうした社会再編の重大な局面にもかかわらず、それまで通り階級闘争の枠組みに固執し、その危機的情況を一過性の現象として問題にもしない労働党を始めとする同時代の左翼を激しく批判していた。ここにみられるホールの主要な課題は、教条主義的な経済還元論、別言すれば古典的な「土台・上部構造」論に基づく社会把握に対する批判であった。

こうしたホールの課題は、彼がニューレフトとして活動していた青年期のそれと共通している。当時のホールは、戦後好景気によってもたらされた豊かさが労働者階級のブルジョア化を促し、その結果として無階級社会が到来しつつあるという言説を分析した (Hall 1958)。ホールによれば、無階級社会が到来しつつあるという感覚は、マスメディアや大衆文化を通じて資本が人々にもたらした虚偽意識であり、資本のさらなる搾取を助長する文化的現象であった。ホールが『豊かさ』とは文化的な現象」(Hall 1966: 113) であると主張する時、そこで含意されているのは「だから無視してよい」ということではない。ホールにとって、上部構造に属する「豊かさ」が結果的に労働者の土台における疎外を強化するという事態は、経済的土台のみを問題にするような経済還元論に強く修正を迫るものであった。それにもかかわらず、労働党を中心とする当時の既成左翼は教条主義にとらわれ、問題の重要性を理解することができなかった。ホールは、こうした労働党の無理解が「無階級の感覚」を再生産あるいは強化し、さらなる消費へのドライヴとなっており、そのことが結果的に人々の総体的疎外を固定化するとして、既成左翼を痛烈に批判した。そこで、ホールはニューレフトとしてのみずからの活動を「土台と上部構造との相互浸透を、現代資本主義が内包する諸傾向を議論するための分析枠組みとして用いるための試み」(Hall 1958: 32) と位置づけ、彼の文化政治論を開始したのであった。

しかし、こうした青年期の問題構成が、一定の限界を持っていたことは確かである。その限界とは、虚偽意識論の問題である。土台の絶対的規定性を否定し、虚偽意識である「豊かさ」の重要性を強調する当時のホールの問題構成では、人々は盲目的に資本に操作される受動的な客体としてしか理解されえなかった。そのため、当時のホールには人々の能動的な抵抗戦略を構想することができなかった。したがって、こうした虚偽意識論的な問題構成から脱却した、上部構造における人々の主体的な抵抗を理論化するため、ホールは若者文化研究やマスメディア研究に代表される一連のカルチュラル・スタディーズへと歩みを進めるのである。

ホールは、サッチャリズムが徐々に台頭しつつあった時代に、「マルクスがやむを得ず『未成熟な』状態のまま残した多くの問題のなかで、『土台・上部構造』問題は最も重要な問題である」(Hall 1977a: 43) として、あらためてみずからの立場を明確にしている。なぜなら、「土台」が「上部構造」を規定しているのであれば、経済的に困窮していた労働者階級がサッチャリズムを支持するという矛盾は生じえないはずだからである。こうした文脈で、虚偽意識論に陥ることなく、文化領域における政治的なヘゲモニー闘争を議論するための枠組みとしてグラムシやラクラウの諸概念が要請されたのである。したがって、サッチャリズム論は、ホールが青年期から一貫して重視し、鍛え上げてきた経済還元論批判のひとつの到達点として位置づけられるべきものであり、最もその切れ味が発揮された研究であったといえよう。

六　サッチャリズムが問いかけるもの

本章ではここまで、ホールのサッチャリズム論を検討しながら、それがホールの青年期から一貫した課題である経済還元論批判の文脈に位置づけられるべき重要な議論であることを述べてきた。最後に、このサッチャリズム論が、右翼からだけではなく左翼からも多くの批判を浴び、ホールにとって最も論争的な研究となったことに触れておかねばなるまい。そこで指摘されたのは、ホールの分析がサッチャリズムの経済的側面を無視し、イデオロギー的側面ばかりを対象化するイデオロギー主義に陥っており、結果的にそれが現実に有していたより多大な権威と一貫性をサッチャリズムに与えてしまったというものであった（Jessop et al. 1984、曽村編 2008）。

しかしホールは、サッチャリズムがもっぱらイデオロギー的な現象であるなどと主張したことはない。ホールが主張したのは、多面的で重層的な現象であるサッチャリズムの成功にとって、そのイデオロギー戦略が決定的な役割を果たしたということであり、左翼はそこから文化政治の重要性を学ぶべきであるということであった。ホールは、次のような選択を左翼に突きつけた。

サッチャリズムが提示するものとは、「我々はいかなるものに戻ることができるのか」ではなく、むしろ「どの道筋に沿って我々は前進すべきか」である。我々の前には、歴史的な選択がある。それは、サッチャリズム的な未来に降伏するのか、それとも未来を想像する別の方法を発見するのかという選択である。(Hall 1987: 172=1998: 127)

こうした選択は、小泉純一郎による新自由主義的なポピュリズム政治を経験した私たちに突きつけられている選択でもある。私たちはサッチャリズム的な未来に降伏することはできない。しかし、我々はいかなる未来に向かって前進すべきなのか。ホールのサッチャリズム論が我々に突きつけるのは、きわめて重く、困難な課題である。

註

1　「サッチャリズム thatcherism」という語の由来については、一九七九年に『マルキシズム・トゥデイ Marxism Today』誌に掲載された論文（Hall 1978）のなかで、ホールによって初めて使用されたとする説が有力である（曽村編 2008）。

2 本節におけるイギリスの社会政策史に関する記述は、毛利編（1999）、Rosen（2003）、Harvey（2005）、曽村編（2008）に依拠している。

3 「社会的支出の所得弾力性」とは、「社会的支出の年平均成長率」を「ＧＤＰの年平均成長率」で除したものである。

4 この点については、ホールによって女性誌から引用されたサッチャーの発言がきわめて示唆的である。「会社内の『彼ら』と『私たち』について語らないでください。……会社内では、あなた方はみんな『我々』なのです。会社が生き残ればあなた方も生き残るし、会社が成功すればあなた方も成功する――みんな一緒なのです。未来は協力し合うことの中にあり、対立し合うことの中にはないのです」（Hall 1988a: 49）。

5 サッチャリズムがなぜ退行的な近代化なのかということに関連して、ホールはイギリスを次のように分析している。「イギリスの社会構成体は近代性への移行を経験したことなどなかった。それは、厳密な意味で、先進資本主義の文明と諸構造を……制度化したことなどなかった。それは、かつての産業構造と政治構造を変容させたことなどなかった。……イギリスは、一九世紀末に資本主義と労働者諸階級の双方を再形成したような深い変容に着手したことなどなかった」（Hall 1987: 164=1998: 119）。ホールはこれ以上この点について議論を展開していないため、その含意を十全に汲みつくすことはできない。しかし、ここで重要なのは「国民」という表象をめぐる問題であるように思われる。すなわち、他国に先んじて産業革命を成し遂げたイギリスでは、早い時期から厳格な階級構造が存在したために、他の近代国家が享受したような「ひとつの国民」という大きな物語が真実味を持ちえなかったといえる。したがって、サッチャリズムが過去の栄光という退行的な参照点を持ちながらもなお近代化を企図したものであるとすれば、それは第四節で詳述するように、階級を超えた「ひとつの国民」という大きな物語を提示することで、「近代性がどんなものであるのかという政治とイメージ」(Hall 1987: 164=1998: 119) を提示した点にあるといえよう。

6　ホールによれば、反国家主義的戦略とは国家を通じて影響を及ぼすことを拒否するような戦略ではない。それは、国家の役割をより限定的なものと考える戦略であり、「イデオロギー的に、反国家主義的であると自称する試みを通じて、ポピュリズム的動員という目的へと前進する戦略」(Hall 1985: 152) を指す。

第四章　「新しい時代」の意味

一　「新しい時代」プロジェクト

一九八七年六月に行われた総選挙の結果、保守党は労働党に一〇〇議席以上の大差をつけて勝利し、サッチャーは大いなる自信を胸に三期目の政権運営に着手した。一方で、確かに労働党は大敗した一九八三年総選挙の時よりも三〇議席ほど議席数を回復したが、他方で、ホールがサッチャリズム論のなかで期待したような「左翼の巻き返し」は起こらなかった。

こうした結果をうけて、ホールは翌一九八八年五月に新たなプロジェクトを開始する。「新しい時代New Times」と名づけられたこのプロジェクトは、『マルキシズム・トゥデイ』誌の編集部が企画したセミナーから生まれた。同誌が同年一〇月に組んだ「新しい時代」特集は多方面からの反響を呼び、それ以降も誌面上で様々に論戦が繰り広げられた。その成果は、一九八九年にホールと同誌編集長マーティン・ジャックスを代表者とする論文集の形でまとめられた (Hall and Jacques 1989)。

本章の課題は、左翼の刷新を目指すホールが一九八〇年代末に見据えていた「新しい時代」とはいかなる時代だったのかを明らかにすることにある。

ホールはイギリスのサッチャリズムやアメリカのレーガニズムを例に挙げながら、「一九八〇年代を通じて、ニューライトはみずからのために新しい時代を乗っ取ってしまうのではないか、ということが主要な問題であったように思う」(Hall and Jacques 1989: 16) と八〇年代を振り返った。

しかしホールは、「新しい時代」がサッチャリズムの産物であるとは考えていない。そうではなく、彼はサッチャリズム自体が、部分的に「新しい時代」によって作り出されたという立場に与する。ホールによれば、「新しい時代」とは「西側資本主義社会で今日生じつつある深淵な社会的・経済的・政治的・文化的な変容を意味する」(Hall and Jacques 1989: 116) のであって、「新しい時代」は必ずしもニューライトという政治的アジェンダに基づく概念ではない。

第三章で述べた通り、ホールはサッチャリズム論を展開するなかで、サッチャリズムというレッスンから満足な教訓を引き出すことのできない、労働党の硬直した現状認識を厳しく批判した。彼は、かつてのイタリアでグラムシの前に現れた問題が、八〇年代末のイギリスで自分たちの眼前に現れているとして、「この新しい文明の性格とはいかなるものなのか」(Hall 1987: 170=1998: 125) と問いかける。「新しい時代」プロジェクトとは、左翼を刷新するために、こうした問いかけに答えようとするホールたちの進行形の試みなのである。それでは、「新しい時代」とはいかなる時代なのか。さらに、その先で左翼が学び取るべきサッチャリズムの教訓とは何なのか。

以上の問題に答えるために、本章では以下のように議論を進めたい。第二節では、「新しい時代」の諸側面を表す「脱工業化社会」「ポストフォーディズム」「主体の変革」「ポストモダン」という四つ用語についてのホールの評価を確認する。そこから、「新しい時代」における文化的問題、特に「主体」や「アイデンティティ」に関わる問題の重要性が示される。続く第三節では、前章で検討したサッチャリズム論と「新しい時代」についての議論との接合を試みる。それによって、サッチャリズムが「新しい時代」の変化を正しく捉え、適切な戦略を講じていたことが確認される。そのうえで第四節では、サッチャリズムの教訓を踏まえ、ホールによる「新しい時代」の左翼に対する提言を整理する。最後に第五節において、「新しい時代」に関する議論がホール理論にとってどのような意義を持っていたのかを検討する。その際、ホール理論にとってのキーフレーズである「分節化」概念について検討することで、「新しい時代」の左翼の「刷新」に関するホールの真意が明らかとなるだろう。

二　新しい時代の諸側面

ホールたちが強調するように、「新しい時代」プロジェクトは初めから、一貫した教義や定説を生み出すことを目的としたものではない。それは、あちらこちらのサークルで交わることなく並行して行われていた議論を相互に結びつけ、左翼の間で社会変革に関する議論を活性化させることを目的とした新たな「プロジェクト」であった。

そのため、この企画には多種多様な人々が関わっており、時に相反する議論ですら「新しい時代」というメタファーのもとに包摂されている。そのことは、先述した論文集に対して、編者のホールやジャックスの他に、ジョン・アーリ、デイヴィッド・ヘルド、ディック・ヘブディジといった多方面からの寄稿があったことからも窺い知ることができる。したがって、このプロジェクトのなかですら、「新しい時代」という概念の内実についての共通了解が成立している訳ではない。

しかし、イギリスを始めとする先進資本主義社会が質的に変化しつつあるという認識はすべての論者に共有されており、「新しい時代」をめぐる論争では、その変化の性質と行く末をめぐって意見が戦わされているとみるべきであろう。したがって、本章の目的に照らせば、編者であるホールが広く目配せをしながらまとめた論考「新しい時代の意味」(Hall 1989c) を中心的な参照点としながら、このプロジェクトにおける「新しい時代」の輪郭を明らかにする作業が第一に求められる。

この論考のなかでホールは、「新しい時代」の様々な側面を記述するために「脱工業化社会」「ポストフォーディズム」「主体の変革」「ポストモダニズム」といった用語がそれぞれに正当性を主張し合っている現状に言及している。ホールによれば、これらの用語は「明らかに、我々が向かおうとしているものは何なのかというよりも、（「ポスト」という言葉が付されていることからわかるように）我々が後にしようとしているものは何なのかを表現している」（Hall 1989c: 117=1998: 272）点で、どれもすべてにおいて満足のいくものではない。しかし、「新しい時代」を考えるうえで、それぞれが重要な示唆を含んでいることは認めている。そこで、まずはこれらの用語についてのホールの考察を検討することから始めたい。

(1)　脱工業化社会とポストフォーディズム

「新時代」の特徴を表す用語として、まずホールが挙げるのは「脱工業化社会」である。アラン・トゥレーヌやアンドレ・ゴルツに代表される「脱工業化社会」論では、大量生産による経済性、統合された労働過程、高度な分業、階級闘争などによって特徴づけられる、産業資本主義的生産の技術的組織における変化から議論が始められる。こうした変化によって新たな生産体制への移行が促進され、社会構造や政治もまた不可避的に影響を被ることになる。そのため、トゥレーヌは旧来の階級闘争が「新しい社会運動」によって取って代わられると述べたのであり、ゴルツは「労働者階級よ、さらば」と高らかに宣言したのであった（Touraine 1969=1970; Gorz 1982）。ホールは、「脱工業化社会」論が近代的な生産体制の社会的・技術的側面における変化に関して重要な指摘を含んでいるとしながらも、それが「一種の技術決定論に陥る」（Hall 1989c: 117=1998: 272）危険性を有していることに注意を促している。

次にホールが挙げるのは「ポストフォーディズム」である。この概念は、世紀転換期の資本主義文明における大規模な変動を記述するために、グラムシによって生み出された「フォーディズム」概念がもとになっている（Hall 1989c: 119=1998: 273）。フォーディズムとは、二〇世紀初頭にヘンリー・フォードがT型フォードを製造するために用いたベルトコンベアによる製造方法を指すが、より一般的には「規格化された製品、資本の集中、『テイラー主義』に象徴される労働組織形態や規律といった特徴を備えた大量生産の時代」（Hall 1989c: 117=1998: 272）を意味する。フォードは八時間五ドルを基準とする機械的労働工程を導入し、製品の単純化と部品の標準化によって生産効率を大きく向上させた。彼の経営戦術に基礎を与えているのが、ホールも言及しているフレデリック・テイラーによる科学的管理法であった。課業管理と作業研究に基づき、工場内での効率的な分業体制を生み出すフォーディズムを、グラムシは「単なる仕事場への影響力に留まらず、『新たな生き方、新たな考え方、新たな生の感じ方』を生み出す」（Procter 2004: 104=2006: 169）根本的な変化の徴であると認識していた。だからこそグラムシは、彼の眼前に広がる「新たな文明」を性格づける重要な契機としてフォーディズムを位置づけ、その研究に邁進したのであった。

ホールによれば、ポストフォーディズムはきわめて論争的な概念であり、そもそもポストフォーディズムなどという傾向は存在するのか、もしするとしたら、具体的にはどのような特徴を持ち、どの程度の影響力があるのかということについては多様な見解が混在している。しかし、ホールの挙げる次のような特徴のいくつかを含み込むものとしてポストフォーディズムを捉える点では、多くの論者が一致している。その特徴とは、①化学・電子工業を中心とする技術から、情報技術への移行、②フレキシブルな専門化や労働過程および労働組織の非集中化に伴う、古い生産基地の衰退とコンピュータに基づくハイテク産業とその中心地の台頭、③従来は企業内部で担われていた機能やサービスのスピンオフやアウトソーシング、④社会階級ではなく、ライフスタイル・嗜好・文化に基づく個人の選択、製品の差別化、マーケティング、包装、デザインの重視、⑤男性熟練肉体労働者階級の相対的衰退と、サービス労働やホワイトカラー労働を行う階級の台頭。具体的には、フレックスタイムやパートタイム労働の増大と、労働力の「女性化」や「エスニック化」の進行、⑥多国籍企業による経済支配の強化と、新たな国際分業体制における国家の統制力の弱体化、⑦新たな金融市場におけるグローバリゼーション、⑧「パブリック」セクター／「プライベート」セクター、前途有望な社会の上位三分の二の層／社会のあらゆる重要な機会から取り残された「新貧困層」あるいはアンダークラス、といった新たな社会区分の出現、の八つである（Hall 1989c: 118=1998: 272-3）。

こうしたポストフォーディズムの特徴は、そこで主に問題となっているのが現代社会の経済的な組織や構造の変化であることを示している。この点で、ポストフォーディズム論は脱工業化社会論と親和性を持っているとみることができよう。それぞれの議論の射程は必ずしも一致するわけではないが、どちらも産業資本主義の経済的変化を中心的な対象とし、それこそが「新しい時代」の「新しさ」を生み出す原動力であると主張する点で共通している。

しかしそのことは、こうした議論において、経済がすべてを決定し、それ以外の側面は単にその土台を反映したものとして解釈できると主張されているということを意味しない。ホールは、ポストフォーディズム論が時代遅れの土台・上部構造論あるいは経済決定論への回帰であるという批判に対して強く反発する。ホールによれば、フォーディズムという用語を生み出したグラムシは、それを単に経済的土台へと還元したことはなかった。同様に、ポストフォーディズムもまたより広い意味合いにおいて解釈されるべきであるという。たとえば、社会的な断片化や多元化が進んだ結果として、旧来の集団的な連帯や一枚岩的なアイデンティティが弱体化し、結果的に新たなアイデンティティが生まれるというのも、ポストフォーディズムへの移行の重要な側面である。したがって、ポストフォーディズム概念は、社会的・文化的諸関係が経済システムとの関係のなかでより主体的な役割を担うということをも示唆していると考えることができる。だからこそ、ホールは「ポストフォーディズムとはいかなる形でも経済が決定に関する優先権を持っていると主張するものではないと理解している」(Hall 1989c: 119=1998: 273) のであり、ポストフォーディズムには「より広い社会的・文化的側面における重要性があること」(Hall 1989c: 119=1998: 273) を強調するのである。

ここまでみてきたように、ホールは「新しい時代」がその産業構造の変化によって特徴づけられるだけでなく、より広範な社会的・文化的変化をも含み込むものであると考えている。加えて彼は、単純に経済的側面における変化が他の側面における変化を導くのではなく、それぞれが相互に影響を与え合いながら「新しい時代」を形成すると想定している。こうしたホールの議論は、青年時代から変わらない彼の問題関心によって貫かれている。戦後の好況によって出現した大衆消費社会を前に、青年ホールは土台と上部構造との相互浸透関係を洞察した。それから三〇年が経ち、「新しい時代」を目の当たりにしたホールにとってもまた、経済は特権的な領域ではありえなかった。したがって、「新しい時代」の性格を明らかにするためには、より社会的・文化的な変化を適切に対象化できる用語が必要とされたのである。

(2) 主体の変革とポストモダン

「新しい時代」における社会的・文化的変化のなかで、「主体的」次元と「客体的」次元との境界に生じた変化を対象化したのが「主体の変革」(Hall 1989c: 119=1998: 274) と呼ばれる概念である。ホールが指摘するように、「新しい時代」では個人としての主体がより重視されるようになった。このことは、先のポストフォーディズムに関する議論で触れたように、個人消費を通じて各人の選択の幅が大きく拡張されたことの内に端的に示されている。しかし、それとは対照的に、これまで人々に一貫性を与えていた国家や階級あるいは民族集団といった集合的主体は分断され、その重要性を減じられた。そのため、かつてのように安定的で全人的な核心を持った「自我」、あるいは自律的で理性的な「自己」といった用語で「個人」を捉えることはもはや不可能である。自我や自己は断片化され、多層的な構造を持つ未完成なものとして概念化されるようになった。

こうした「主体」に関わる変化の前提として、ホールが指摘するのは一九六〇年代の文化的革命である。政治を「劇場」と強く認識し、「意志」や「意識」を議論した「一九六八年」の一連の騒乱、「個人的なことは政治的なことである」と主張したフェミニズム、主体性の無意識的根源を発見した精神分析に対する新たな関心、言語・言説・表象を対象とした意味論、構造主義、ポスト構造主義など一九六〇年代から七〇年代に起こった理論的な革新、こうした文化的革命が「主体性の復活」（Hall 1989c: 120=1998: 274）をもたらしたのである。

「新しい時代」の持つ文化的特質をさらに強調した概念が「ポストモダニズム」である。ホールによれば、この概念の背景には一九世紀初頭の芸術・建築・文化における想像力を支え、後にはその時代経験をも意味するようになった「モダニズム」が終焉を迎えている、という確信がある。すなわち、かつてのシュールレアリズムやダダイズム、あるいは構成主義が持っていた変革的な原動力は徐々に飼い馴らされ、モダニズムはもはや前衛的エリートの専有物となってしまったというのである。

それに対して、ホールはポストモダニズムが日常生活を美学化し、高級文化に対するポピュラー文化の優越を主張する点に注目する。ホールによれば、フレドリック・ジェムソンやジャン・フランソワ・リオタールが主張するように、ポストモダンな社会では物事の中味よりもイメージや外見が重視され、イメージと現実との境界が曖昧なものになる。さらに、パロディ、ノスタルジア、キッチュ、過去のスタイルを絶えず手直しして引用するパスティーシュといった手法が、リアリズムや自然主義といったより積極的な芸術表現より好まれるようになる。また、建築やデザインの分野でも、機能主義よりもポピュラーで装飾的なものが好まれるようになる。

ホールが示唆するように、こうした傾向はポストモダニズムの哲学的側面と結びつけて理解すべきである。多くの理論家が指摘するように、ポストモダンな社会では「歴史に対する強い意識が薄れ、これまでは確固とした意味を持っていたものが曖昧となり、差異化が進み、進歩・開発・啓蒙主義・合理性・真実といった最近まで西洋哲学や政治の基盤であった、リオタールのいう『大きな物語』が終焉を迎える」(Hall 1989c=1998: 275) のである。

「主体の変革」や「ポストモダニズム」についての議論に共通しているのは、これまで確固とした意味を持っていたものが曖昧化しているという指摘である。そしてそのことは、結果として人々のアイデンティティの不安定化を帰結しているというのである。これはすなわち、「新しい時代」の人々は、他から差異化された主体的な個人としてより重要視されるようになる一方で、これまで人々の堅固な自己同一性を担保してきた階級や国家といった集団、あるいは歴史的な連続性や継続性のなかでみずからを位置づけることが困難になったということを意味する。

ホールにとって、「新しい時代」のこうした特徴は、それがとりわけ左翼にとって大きな困難を突きつける点で重要である。ホールによれば、従来「社会主義者であるということは、すべてを『構造』という言葉に置き換えることのできる能力と同義であった」(Hall 1989c=1998: 274)。こうした非人間的な構造や人々の背後で作用する過程を強調する左翼にとって、主体性の復活した「新しい時代」のなかで、首尾一貫した方法で政治における「主体」という問題に向き合うことは不可能であった。

さらに、古典的マルクス主義が想定していた「経済」と「政治」との照応関係も反省を迫られている。ホールによれば、経済的階級という立場に基づいて、諸個人の政治的態度、社会的関心を読み取ることができるという前提は、長い間左翼の理論的な分析やものの見方を規定してきた。しかし先述したように、個人と集団、あるいは個人と歴史的連続性との関係が曖昧化する「新しい時代」において、こうした前提を維持することはできない。むしろ「新しい時代」においては、「政治」と「経済」との関係よりも、「政治」と「文化」との関係の方がより大きな重要性を持っていると考えられるのである。

ここまでの議論で明らかになったように、ホールの考える「新しい時代」にとって決定的な重要性を持つのは「文化」、わけても「主体」や「アイデンティティ」をめぐる諸問題である。「ポストフォーディズム」や「主体の変革」が示唆していたように、ますますグローバル化する「新しい時代」は、社会の産業構造や人々の生活条件に対する地球規模の外的変化をもたらしただけではなく、私たち自身にも不可逆的な内的変化をもたらした。人々は国民国家や民族集団を超えてグローバルに結びつけられる一方で、内面的には断片化され、孤立化され、分断された。「新しい時代」のもたらしたこうした相反する傾向は、人々に新たなアイデンティティの構築を要請した。サッチャリズムが「新しい時代」を専有できたのは、こうした状況を適切に理解し、対応したからに他ならない。そしてホールにとって、左翼が学び取るべきサッチャリズムの教訓は、まさにこの点に関わっている。

三　サッチャーの眼に映る「新しい時代」

サッチャリズムと「新しい時代」との関係を考察するうえで、最も重要な論点となるのは「移民」や「エスニック・マイノリティ」に関する諸問題である。第二章でも部分的に触れたように、サッチャーが政治の表舞台に登場するのと軌を一にして、イギリスでは人種関係に端を発する社会的緊張が高まりをみせていた（佐久間 2007）。

一九七四年の総選挙で敗北したエドワード・キースの後をうけて、サッチャーは初めて保守党党首となったが、この時の総選挙で勝利したハロルド・ウィルソン労働党政府は、すぐさま一九六八年人種関係法の見直しに着手した。この一九六八年人種関係法では、雇用や住宅供給を始めとする私的領域における「意図的な」差別の禁止が規定されていた。しかし、実際には差別が意図的か否かを判断するのはきわめて困難であり、結果的に構造的・組織的差別が温存されるといった問題を抱えていた。

こうした問題を克服するために、一九七六年に改正された新たな人種関係法では意図的差別のみならず「間接的差別」の禁止が規定された（佐久間 1998; 巻口 2007）。これによって、たとえばそれまでの就労慣行は人種差別の観点から見直されることとなり、就労規則はそれが適応される個人の肌の色、人種、国籍、エスニシティ、民族といった要素を考慮しなければ正当化されえなくなった（安達 2013）。こうした規定を盛り込むことによって、新しい法律では個人が差別を意図したかどうかという問題を超えて、制度化・構造化された人種差別の解消が目指された。

ところが、こうした一連の取り組みにもかかわらず、移民やエスニック・マイノリティをめぐる状況は悪化の一途をたどった。サッチャーが首相を務めた一九八〇年代以降、ブリックストンやハンズワースを始めとするマイノリティ人口の多い諸都市で、人種問題をめぐる大規模な暴動が頻発した（富岡 1988）。

一連の都市暴動に象徴される人種間の軋轢を目の当たりにして、サッチャーはそれまでの保守党党首とは異なり、エスニック・マイノリティに徹底して不寛容な態度をもって応えた。たとえば、先述した一九七六年人種関係法が成立すると、彼女は人種的調和の前提条件として移民の削減を挙げ、その実現を保守党の目標として明言した。さらに、一九七八年に行われたテレビのインタビューを通じて、保守党が新英国連邦からの移民に対するさらなる規制を準備していることに触れ、新しい国籍法の制定を宣言した（安達 2013）。

一九八一年に改正された新たな国籍法のなかで、サッチャーは誰が「イギリス人」なのかという戦後イギリスを悩ませ続ける問題に対して、それまでとは異なる回答を提出した。安達智史が適切に指摘するように、一九六〇年代以降の度重なる移民法や国籍法の改正は、それまでの緩やかな「イギリス臣民」という枠組みが、権利と義務を内包した「シティズンシップ＝市民権」という形式へと整えられていく過程であり、「その中で、誰がイギリス人としてのシティズンシップ、すなわち入国や居住の権利を有するのかが規定されていったのである」（安達 2013: 107）。

サッチャーは、一九八一年国籍法において、両親の少なくとも一方がイギリス市民であるかイギリスに帰化しており、かつ本人がイギリス生まれの者だけに「イギリス市民」としての地位を与えた。それ以外の者は「イギリス属領市民」または「イギリス海外市民」とされ、イギリスにおける自由な入国と居住の権利を与えられなかった。すなわち、この一九八一年国籍法では、それまでのように海外の市民にイギリスへの自由な入国や居住の権利を保障することを止め、さらにイギリスに生まれた者が自動的にイギリス国籍を取得できる「出生地主義」を否定することで、部分的にそれを「血統主義」に置き換えたということができる（安達 2013）。

サッチャーによる「血統主義」の強調は、別言すれば「イングリッシュネス」すなわち「イギリス人性」の重視とみることができる。彼女にとって、「イギリス人」たることはその「イングリッシュネス」と不可分の関係にあり、それは単に長期間イギリスで生活したり、イギリスで生まれたりすれば自然と身につくという類いのものではなく、脈々と受け継がれ、血のなかに流れ込んでいるものなのである。こうした考えは、サッチャーによって一九八八年に改正された移民法において、イギリスで生活する移民がパートナーや子どもを呼び寄せて、家族が一緒に生活する再結合の権利が自動的には認められなくなったことからもうかがい知ることができる。

こうしたサッチャーの人種関係政策は、異なる文化を持つ内なる他者によって「追いやられている」と感じていた白人系イギリス人の自尊心を大いに満たすものであった。これまでの章で何度か言及したように、かつての大英帝国領から地球規模で押し寄せてくるカラード移民の増大によって、白人系イギリス人はアイデンティティの危機に陥っていた。「新しい時代」のなかで新たなアイデンティティを模索する白人系イギリス人にとって、「イギリス人」であることやみずからの血に流れる「イングリッシュネス」を称揚するサッチャリズムがもたらす文化的・国家的アイデンティティは、きわめて魅力的であったに違いない。ホールが指摘するように、こうした「文化的レイシズムは、サッチャリズムの最も力強く、永続的で、効果的な強さの源である」(Hall and Jacques 1989: 132)。

このように考えてみると、第三章で言及した「退行的近代化」という戦略は、サッチャリズムによる「新しい時代」に対するリアクションであったといえるのではなかろうか。先に述べたように、ホールはサッチャリズムを「退行的近代化」のプロジェクトであると特徴づけ、それが「社会を著しく退行的な形態の近代へと『教化』し規律化するための試み」(Hall 1988b: 2) であることを強調した。フォークランド紛争の際、「大英帝国」や「チャーチル」といったイデオロギー的表象に繰り返し言及することで、サッチャーは過去の栄光に人々の目を向けさせ、それを回復することが輝かしい未来をもたらすのだという退行的・復古的な近代化のプロジェクトを推し進めた。しかしそれは、単に一過性の熱狂や熱情を煽動したということではない。サッチャリズムは、「新しい時代」において文化やアイデンティティが持つ政治的重要性を理解し、最大限にそれを利用していた。だからこそ、サッチャーは強大な大英帝国やナチスに立ち向かうチャーチルへと連なるイングリッシュネスの正統性によって白人系イギリス人のアイデンティティを強力に下支えし、白人系を軸に新たな体制作りを推し進めたのである。

ホールは「新しい時代の意味」のなかで、サッチャリズムを次のように総括している。

新しい時代というより長期的な視野からみると、サッチャリズムのプロジェクトは、より長期的で深淵な変動を基盤にしており、我が道を進んでいるようにみえるが、実際には過去十年というほんの一瞬の間だけ権力を掌握したに過ぎないと考えることができる。つまりサッチャリズムとは、その「退行的近代化」というプロジェクトにおいて、こうしたより深淵な傾向をヘゲモニー化しようとした試みであり、反動的な政治的アジェンダにそうした傾向を取り込むことによって、特定の限られた社会集団に利益と富をもたらそうとする試みと考えることができるのである。(Hall and Jacques 1989: 126-7)

すなわち、「新しい時代」はサッチャリズムによって生み出されたのではない。そうではなく、サッチャリズムがその特徴、とりわけアイデンティティをめぐる文化政治の重要性を正しく認識し対処することで、「新しい時代」はサッチャリズムによって専有されることになったのである。

ホールが左翼に呼びかけているのは、サッチャリズムの教訓から学び、みずからを再生することで、「新しい時代」をサッチャリズムの手から解放し、みずからのもとへ引き寄せろということである。それではホールは、「新しい時代」とサッチャリズムとの結びつきから左翼が具体的に何を学び、どのようにみずからを再構築すべきであると考えているのであろうか。本章の最後の課題として、この点について検討してみよう。

四　「新しい時代」の左翼

論文集のなかでホールは、豊かな「西洋」と飢餓に苦しむ「南」、可能性に溢れた「郊外」と見捨てられた「インナーシティ」といった分断を「新しい時代」が内包していることに言及している。そのうえで、「新しい時代」は、それがもたらす新たな可能性のゆえに歓迎すべきものなのか、それともそれがもたらす災害の脅威や破滅のゆえに拒否すべきものなのかと問いかける。彼は、知的大胆さを失い、「新しい時代」を前に手も足もだせなくなっている左翼に対していくつかの打開策を提示している。「新しい時代」の左翼に対するホールからの提言は、大きく次の四点にまとめることができる。

(1)　変化の最先端を対象とすること

第一に、「新しい時代」を評価するためには、その変化を極端に全体化して考えたり、すでに変化し終わった領域のみに拘泥したりするのではなく、変化の最先端を対象に考察しなければならないということである。ホールは、この点を考えるにあたり、左翼陣営の人々が互いを揶揄したり当惑させたりするために発する次のような問いを検討している。それは、新しい時代への「移行」といっても、それはどんな「移行」なのか、そしてそれはどの程度全体に行き渡っているのかといった類いの問いかけである。ホールによれば、「このような問いの発し方は、全か無かという二者択一の答えを前提としている」(Hall and Jacques 1989: 127)のであり、すべてが「新しい時代」へと変化したか、何も変わっていないかのどちらかの事態だけを想定している。しかし、ホールの考える「新しい時代」への移行とは、封建制から資本制への移行のような大きな時代の移り変わりを指すのではない。ここで問題となっている移行とは、マルクスが論じた絶対的剰余価値から相対的剰余価値への推移のように、多方面に影響を及ぼす資本蓄積体制の変遷のような移行であることに注意する必要がある。「新しい時代」への移行とは、ある日を境にすべてが一変するような事態を意味するのではない。

ホールが言うように、「歴史はベネディクト・アンダーソンが言うような『空虚で等質な時間』から構成されているのではなく、異なる時間尺度や軌跡を持つ諸過程から構成されている」(Hall and Jacques 1989: 126)と考えた方が、この移行を正しく認識することができる。政治的時間、経済的時間、社会的時間、文化的時間など、諸領域にはそれ独自のテンポとリズムがあり、それらの結節点として特定の歴史的状況が(アルチュセールの言葉を借りるならば)重層的に決定されているのである。

だからこそ「新しい時代」の左翼は、その硬直した現状認識を打破するために、変化の最前線を注視しなければならないとホールは主張する(Hall and Jacques 1989: 127-8)。たとえば、「マクドナルド化」という言葉に象徴されるように、食品産業では地球的規模での標準化が進行しており、フォーディズムの頂点に達しているようにみえる。しかし、そうしたファストフード店でみられるようなフレキシブルで脱技能化された労働形態は、よりポストフォーディズム的である。このように、左翼を再生するためには、変化の「最先端」はどこなのか、さらにそれがどういった方向を向いているのかが常に問われなければならない。

(2) 「文化的な特質」に心を開くこと

第二に、「新しい時代」の複雑で曖昧な性格を通して思考する際には、現代の変革が備える「文化的な特質」に心を開く必要があるということである。「新しい時代」において、文化は生産や商品といった物質界を飾る付属物ではない。たとえば「ポストフォーディズム」概念が示唆していたように、デザインやテクノロジー、あるいはスタイリングを通じて、現代の生産の世界には文化的で「美的なもの aesthetics」(Hall and Jacques 1989: 128) が浸透している。ホールによれば、「現代の文化はその実践と生産様式において、容赦ないまでに物質的である。同様に、商品やテクノロジーといった物質界も、きわめて文化的である」(Hall and Jacques 1989: 128)。ところが、従来の硬派な左翼は、社会の文化的側面を些末な問題、あるいは資本主義社会における一時的な流行として唾棄してきた。ホールは、これまでの左翼が文化領域を軽視するあまり、現代の物質的生活の持つ変革的なリズムや力が、諸個人の可能性を開花させるという側面を見過ごしてきたと主張する。文化の商品化によって短期的に莫大な利益を得る人々よりも、その背後で進行する「文化の民主化」過程の方がホールにとっては重要なモメントである。したがって、それがたとえ矛盾に満ちた領域であれ、「ポピュラーな快楽 popular pleasure」(Hall and Jacques 1989: 129) という視座を欠いてしまっては、二一世紀の社会主義は再生どころか存続すら不可能なのである。

「新しい時代」において「市民社会」が拡大した背景として、ホールは人々が暮らす社会的世界の文化が多様化・差異化されたことを指摘する。ポストフォーディズムの特徴として、モデルやスタイルが多様化し、製品の差異化が進むことは先にみたが、それは経済領域にのみ限定される話ではない。社会生活の「多様化」は、それらにアクセスできる個人に対して、日々の労働や社会的・家族的・性的生活における居場所の感覚を強化し、アイデンティティを拡張させる。現状では、こうした機会は先進諸国においてのみ確保されているが、地球上のより多くの人々にとって利用可能なものにする必要があり、一部の地域や一部の人々にのみアクセスが限定されてはならない。このように考えるならば、「新しい時代」の左翼は文化というモメントに心を閉ざしているわけにはいかない。ホールが示唆するように、「多様性や差異を恐れるのではなく、むしろそれらを積極的に引き受けるような『社会主義』がここでは暗示されているのである」(Hall and Jacques 1989: 130)。

(3) 社会的再生産の領域を政治の場として位置づけること

第三に、社会的再生産の領域を、重要な政治の場として位置づけることである。「新しい時代」における「市民社会」の拡大が持つ可能性については先に述べたが、ホールはそれを真の自由が達成される理想郷などと考えているわけではない。そのミクロな世界は、権力や紛争が多元化することによる、搾取、抑圧、マージナル化を内包している。ホールによれば、諸権力の交差によって私たちの日常生活がますます束縛されるようになることで、新たな立場からの抗争が増え、新しい抵抗のための社会運動が組織される。その結果として、家族、健康、食、セクシュアリティ、身体など、これまでの左翼が政治的であるとはみなしていなかった領域での「政治」の一般化が進むことになる。したがって、「新しい時代」の左翼に必要なのは、「このような力関係がどのように相互に結びついているのか、さらにその抵抗がどうなっているのかに関する全体像である」(Hall and Jacques 1989: 130)。

ホールは、このような新しい重要な「政治」の場のひとつが「社会的再生産」の領域であると考えている。彼が指摘するように、従来の左翼にとって再生産といえば「労働力の再生産」に関する議論が一般的であり、イデオロギーや文化や生殖という領域の再生産についての議論が中心的な問題となることは多くなかったといえる。ホールによれば、「この領域における『再生産』の特徴のひとつとして、身体の細胞だけではなく、文化のカテゴリーを再生産するという意味において、物質的であると同時に象徴的であるという点が挙げられる」(Hall and Jacques 1989: 130)。

社会的再生産における象徴性を重視する点で、こうしたホールの議論はピエール・ブルデューの議論と親和性を持っているとみることができる(Bourdier et Passeron 1970=1991; Bourdier 1979=1990; Bourdier 1989=2012)。ブルデューによれば、現代の権力は正統性を欠いた剥き出しの恣意的な力として存在することはできない。そのため、権力は恣意性を人々に見誤らせ、みずからを正統な存在として認知させるため、常にその象徴資本を再生産し続けなければならない。ブルデューは、そのための卓越したハビトゥスを養成する機関として家庭における文化資本の伝達や、学校が授ける学歴資本の重要性を主張したのであった。ブルデューの社会的再生産論はホールの議論を理解するうえで重要な指針を与えてくれるが、同時にホールはより一般的な人々の日常的な消費行動にまで議論の裾野を広げていることにも注意が必要である。消費もまた、物質的であると同時に、象徴的なモメントである。

ホールによれば、現代の世界では物体もまた記号であり、私たちは道具的かつ象徴的な方法で世界に関わっている。不安定化する「新しい時代」のように「欠乏に支配された世の中では、男も女も、実際の生活において、物質的生存のために何が必要であるかを表現するだけではなく、自分が誰であるか、つまり自分のアイデンティティ、この世界における象徴的な場の感覚を持つ必要がある」(Hall and Jacques 1989: 130)。ホールは消費やスタイルに心を奪われることが些末なことかもしれないと譲歩しながらも、一見文化の外に暮らしているかのような貧しい地域の人々でさえ、みずからの存在意義を示すためにこの「物質的ゲーム」(Hall and Jacques 1989: 131) に参加している現状を強調する。したがって、「新しい時代」の左翼にとって、消費を通じた物質的・象徴的な社会的再生産が生み出すエネルギーを看過することはできないのである。

(4) セクシュアリティの問題を取り上げること

第四に、政治的課題としてセクシュアリティの問題を取り上げることである。本章で議論してきたように、「新しい時代」の左翼はこれまでよりも拡大した文化や主体性のうえに立脚すべきであるという認識は、ホールの考えではフェミニズムの再生や「社会的なものの女性化」と呼ばれる現象に関わっている。この現象は、現代の生活において女性の地位が決定的に変化したことに起因するが、それ以上に現代のフェミニズムそのものの再生によるところが大きい。ホールが言うように、セクシャルポリティクスをめぐるフェミニズムと社会運動は、左翼の理論的世界ですでに解決されたと考えられてきたことを揺り動かしてきた。「主体の変革」概念が暗示していたように、「人間／男性 men」の背後で作用する構造的過程を強調するこれまでの左翼的言説にとって、男が作ったカテゴリーは誰もが経験することと想定されていたのであり、このことが左翼陣営に特有の問題を投げかけていたのである。

しかし、ここでホールが意図しているのは、単に左翼が女性や同性愛者に対して理解を示したり、彼女らあるいは彼らが経験する抑圧や排除を問題化したりすることではない。ホールが求めているのは、「左翼の政治も含め、すべての社会的実践や支配形態には常に性的なアイデンティティや位置づけが刻み込まれており、部分的にはそれによって保障されてきたという認識に立ったうえで、思考を変革すること」(Hall and Jacques 1989: 132) である。これは、当然左翼による自己批判を含むものとなる。

しかし、そうであっても、「ジェンダー化されたアイデンティティがどのように形成・変形させられ、いかに政治的に展開されたのかということに注意を向けなければ、社会における権力の制度化や、私たちが変化に抵抗する隠された原因を理解してもらううえで、私たちの言葉が十分な説得力を持つことはない」（Hall and Jacques 1989: 132）のである。

五　時代を奪い合うということ

本章ではここまで、サッチャリズムが独占しているようにみえる「新しい時代」の内実と、左翼がそこから学び取るべき教訓に関して、ホールの議論を検討してきた。

しかし、ここであらためてホールの一連の議論を振り返ってみると、彼は「新しい時代」とは具体的にいつ頃のことを指すのかを明言していないことに気づかされる。あるいは、それがイギリスだけの問題なのか、他国でも同様の議論が成り立ちうるのかもわからない。ホールによるそうした記述は、論文集のどこを探してもみつけることはできない。私たちは、このことをどのように考えるべきなのか。

その手がかりは、サッチャリズムによる「イングリッシュネス」「イギリス人らしさ」の強調についての議論に隠されているように思われる。サッチャリズムの退行的近代化プロジェクトは多くの白人系イギリス人の支持を得たが、同時に多くの人種グループやエスニック・グループを社会の周縁に追いやった。こうした文化的レイシズムが、サッチャリズムの強さの源泉であることはすでにみた。ここではさらに、そうであればこそ、周縁化された集団にとって「イングリッシュネス」概念が特権的で限定的な文化的アイデンティティとして異議申し立ての場となるというホールの主張を検討してみなければならない。ホールによれば、周縁化によって疎外感を味わった人々は、『イングリッシュネス』とは相容れない人種的ないしエスニックなアイデンティティを保持しながら、新たな時代における社会の目標として文化的多様性を主張するのである」(Hall and Jacques 1989: 132)。

こうした議論にみられるように、「新しい時代」とは単なる時代区分ではない。サッチャーにとっての「新しい時代」とは「イングリッシュネス」と結びつく概念であり、周縁化されたマイノリティ集団にとっての「新しい時代」とは「文化的多様性」と結びつく概念である。このことはすなわち、「新しい時代」そのものが「せめぎあう記号 contested sign」(Proctor 2004: 104=2006: 168) であることを意味している。先の例で、サッチャーとマイノリティ集団が「新しい時代」をそれぞれに「イングリッシュネス」あるいは「文化的多様性」という相反する概念に結びつけて争い合うことができたのは、そもそも「新しい時代」という記号が単一の固定的なシニフィエを持っていないからである。

このことを適切に理解するためには、ホールがキーワードとして使う「分節化 articulation」という概念についてあらためて確認することが有用である。ホールは、記号表現と意味内容との結びつきを固定化された本質的なものとは考えない。シニフィアンとシニフィエとの間は、構造化されてはいるが柔軟に「分節化」されているのである。ローレンス・グロスバーグとのインタビューのなかで、ホールは分節化を次のように定義している。

> 私はよく「分節化」という言葉を使いますが、私がこの言葉に込めた意味がきちんと理解されているのかどうか、よくわかりません。イギリスでは、この用語は「言葉を発する、明瞭に話す〔articulate〕」という意味と「結びつけられる〔be articulated〕」という意味を持ち、よくできたダブルミーニングになっています。この言葉は、言語化するとか表現するといった意味も持っています。しかし、同様に「連結された〔articulated〕」貨物トラックという言い方もします。つまり貨物トラックとは、前方の牽引車と後方の貨物車とが、必然的ではありませんが、お互いに連結されています。ふたつの部分は結びついていますが、それは壊れるかも知れない特殊な連結器によってつながっているにすぎません。分節化とはこのように、一定の条件のもとで、ふたつの異なる要素がひとつの統一体を作りうるような、そういった連結形態なのです。
> (Grossberg 1996: 141)

ここで挙げられている貨物トラックの話は、ホールの「分節化」概念を理解するためには、とてもわかりやすい例である。貨物トラックの牽引車の部分と貨物車の部分とは、何らかの本質的な必然性のために結びついているわけではない。それは荷物を送り届けるという目的のために、一時的に結びつけられているに過ぎない。したがって、それらの結びつきを解消し、同じ牽引車に別の貨物車を連結することも可能である。

同様のことは、「新しい時代」という記号についても当てはまる。ホールによれば、一九八〇年代において「新しい時代」がサッチャリズムによって専有されているようにみえたのは、サッチャリズムが「新しい時代」をみずからの「退行的近代化」プロジェクトへと分節化し、一時的な連結関係を形成していたに過ぎないということになる。したがって、ホールが「新しい時代」に関する議論で繰り返し主張していたのは、「新しい時代」をサッチャリズムの支配的言説から脱分節化し、新たな左翼の言説へと再分節化しなければならないということである。そのためには、左翼がみずからを刷新し、新たな言葉を手にしなければならない。したがって、「新しい時代」プロジェクトは、「世界やその土台についてのよりよい理解を促し、左翼を新しい世界に沿った形で再編することを目的とする」(Hall andJacques 1989: 11) のである。

「新しい時代」に関する論考の終わりで、ホールは左翼がエスニシティの復活に恐れをなしてはいけないと警告している。ここでホールが言及する「エスニシティ」とは、「特定のコミュニティ、地域、テリトリー、言語、宗教、文化など対象は様々であるが、世界における『場所』や位置に根ざした感覚を諸個人に与えるような帰属要素のすべてを、政治的アジェンダとして復活させた驚くべき状況を意味する」(Hall and Jacques 1989: 133)。ホールが指摘するように、「新しい時代」はグローバル化とローカル化を同時に進行させており、エスニシティという問題はそうした世界で誰もが出身地を持ち、何らかの同一化意識や帰属感を必要としていることを認識させてくれる点で重要である。このことは、それがたとえ「想像の共同体」であっても変わることはない。

ホールが願った「新しい時代」の左翼政権の誕生は、一九九七年に労働党の若き首相となるトニー・ブレアの登場を待たなければならなかった。しかし、ニューレイバーという看板とは異なり、ホールにとってニューレイバーは左翼の「刷新」とはなり得なかった。

第五章　ニューレイバーの歩んだ「第三の道」

一　ニューレイバーの誕生とホールの嘆息

一九九七年五月二日は、労働党の変革を繰り返し主張してきたホールにとって歓迎すべき日であった。前日の総選挙で得票率四三・二％、獲得議席四一八（定数六五九議席）という歴史的な大勝を収めた労働党のトニー・ブレアが、この日女王からの任命によって戦後最も若い首相となった。一八年にも及ぶ長い野党暮らしに耐えてきた労働党は、みずからをニューレイバー（新しい労働党）と名乗り、若いブレアを旗印に党の再生を強調した。それはまさに、ホールが期待した「新しい時代」の労働党を予感させるものであった。

しかし、こうしたホールの期待は脆くも崩れ去ってしまう。翌年発表された論文のなかで、ホールは嘆息まじりに次のように振り返っている。

> 一九九七年五月の地滑り的な勝利は、歴史的好機であった。……だが、歴史的好機は永遠には続かなかった。好機は戻ってこないし、次の機会が与えられることもない。(Hall 1998: 14)

これまでの章でみてきたように、一九八〇年代にホールが繰り返し主張していたのは、労働党がサッチャリズムの教訓から学び、みずからを変化させなければならないということであった。それはつまり、サッチャリズムあるいは保守党がみずからの言説に分節化した「新しい時代」という記号を脱分節化し、生まれ変わった労働党がみずからの言説に再分節化しなければならないということを意味した。

一見したところ、ブレアはこの課題をうまく成し遂げたようにみえる。一九七九年の総選挙でジェームズ・キャラハンが政権を失って以来一八年ぶりの勝利は、保守党に二五〇議席以上の大差をつけての圧勝であった。この政権交代を、一九九四年に労働党党首に就任したブレアによる党内再生の努力の結果として評価することは十分に可能であろう。

しかし、ホールにとって、ブレア率いるニューレイバーは「左翼」の刷新ではなかった。ホールによれば、ブレアは労働党の歴史的アジェンダを捨て去り、自分たちを中道左派から中道右派へと位置づけ直した（Hall 2011）。したがってニューレイバーは、左翼のために「新しい時代」を脱分節化したのではなく、サッチャリズムと「新しい時代」との分節関係をより洗練させたということになる。後に「新自由主義の長きにわたる行進」という形でまとめられることからもわかるように、ホールはブレアあるいはニューレイバーの「新しさ」よりも、サッチャリズムとの連続性をより強調している。それでは、ニューレイバーはなぜ、ホールが思い描いたような左翼の「刷新」とはなり得なかったのか。

こうした課題に取り組むために、本章は以下のように議論を進めたい。第二節では、ホールのニューレイバー評価に先立って、ブレア率いるニューレイバーの主要政策のいくつかを概括する。次に第三節では、ニューレイバーの主要なスローガンである「第三の道」政治の特徴を、ギデンズの定義をもとに整理する。そのうえで、ホールの「第三の道」に対する批判を検討する。さらに第四節では、こうしたホールによる批判に対するギデンズの反批判から両者の相違点を指摘し、そこからホールにとってニューレイバーがなぜ左翼の「刷新」たりえなかったのかを明らかにしたい。

二　ニューレイバーの社会的背景と主要政策

ホールのニューレイバー評価を検討する前に、ここではニューレイバーが打ち出した主要な政策のいくつかを概括しておこう。

一九九七年の総選挙を戦ったブレア率いる労働党の選挙戦略は「ビッグテント」と呼ばれる（山口 2005）。それは、多くの人々を収容できる大きなテントを張るように、労働党が多様な人々に訴えかける政策を打ち出したことに由来する。ブレアは労働党を「昔ながらの選挙での分裂を乗り越える、広範な国民への訴えかけに基礎を置いた、支持層の新しい連合の構築」（Blair 1994: 7）に向かわせると明言した。こうすることでブレアは、従来の労働党支持層以外からの、とりわけ特定政党に対して強い忠誠心を持たないスウィング・ボーダーと呼ばれる、いわゆる無党派層の人々からの支持を取りつけようと目論んでいた。そのためブレアにとって、それまで一八年間にわたって多くの支持を集めていた保守党の政策を抜本的に改革してしまうことは得策とはなりえなかった。彼が有権者に第一に伝えなければならなかったのは、保守党からの政権交代によって大きな不利益が生じることはないというメッセージであり、その上でみずからの「新しさ」を主張する必要があった。

したがって、ニューレイバーによる諸政策を検討する際には、単にその「新しさ」に注目するだけでなく、それらが持つ「保守党との同質化」という側面と、「従来の労働党との差異化」という側面にも目配せをしながら評価することが必要である。

(1) 党綱領改正と「現代化」

一九九四年五月に労働党党首であったジョン・スミスが心臓病で急逝したことを受け、七月に開催された党首選挙の結果、影の内閣で内務大臣を務めていた当時四一歳のブレアが党首となった。党首に就任したブレアに与えられた最大の課題は、労働党の「現代化 modernization」であった（安達 2013）。すなわち、長らく遠ざかっていた政権交代を実現するために、それまでの労働党の政策や理念を現実の社会状況に沿った形で現代化することが求められたのである。

ブレアにとって第一に着手しなければならなかったのは、生産手段の国有化に言及した労働党綱領第四条の改正であった。労働党はこの第四条で「生産、分配および交換諸手段の共有ならびに、各種産業またはサービスの民衆による管理および統制の最も実現性のある制度に基づき、肉体労働者または頭脳労働者に、その勤労の完全な成果およびその最も公平な分配を保障すること」（田中 1995: 119）を目標として掲げていた。この条項は、労働党の経済政策の非現実性の象徴として、保守党からつとに批判され続けていた。しかし、労働党や左派系労働組合の多くの構成員にとって、第四条は労働党の黄金時代を築いたクレメント・アトリー政権の記憶に密接に結びつくものであり、容易に改正されうるものではなかった（山口 2005）。事実、一九五九年に当時の労働党党首ヒュー・ゲイツケルが第四条の改正を試みた際には、党内左派からの猛烈な批判によって改正は頓挫してしまった。

一九九四年にブレアが党綱領第四条の改正を提起した時にも、党内からは強い反発が巻き起こった。しかし、ブレアは労働組合や地方組織の大会で綱領改正の必要性を訴えて回り、翌年には綱領改正を実現した。ブレアが改正を実現できた要因のひとつとして、ブレアのメディア戦略を指摘することができる（山口 2005）。ブレアは国民の目を意識し、党内の路線論争をあえてメディアの前で行った。そこでブレアは、党内守旧派という「内なる敵」に立ち向かう新たなリーダーとしてみずからを位置づけた。そして、弁舌巧みに反対派を論破することで、みずからの強いリーダーシップを国民に印象づけることに成功し、論争における主導権を握ったのである。

一九九五年に改正された党綱領第四条では、生産手段の国有化に関する記述は削除され、「労働党は民主的社会主義の党である。我々一人一人が真の潜在的能力を実現する手段を創るために、ならびに権力、富、機会が少数者ではなく多数者の手にあり、行使する権利は負う義務を反映し、かつ団結と寛容と尊敬の精神のもとに自由に共生する、我々と全てのための社会を創るために、我々が共同して一層努力すれば、個人が達成できる以上のことを達成できると労働党は信ずる」（田中 1995: 122）と改められた。こうした記述は、ニューレイバーが労働者のための政党から脱却しようとしていることを如実に示している。ブレアにとっての労働党の「現代化」とは、何よりも労働党を国民政党へと転換させることを意味していた。

(2) 教育政策と子どもの貧困

多岐にわたる政策のなかでも、ニューレイバーはとりわけ教育政策を重視した。首相就任前の一九九六年労働党大会で、ブレアが政権獲得時の三大優先事項について「私にはやりたいことが三つある。それは、教育、教育、教育だ」と明言したことはよく知られている（山口 2005; Seldon ed. 2007=2012）。ブレアがこれほど熱心に教育を政策課題とした背景には、グローバル化する社会のなかで国際競争力を高めたいという思惑があるのはいうまでもない。しかし、それと同じくらい重要な要素として社会的公正、特に子どもの貧困の問題があった。

労働党が政権を離れていた一八年の間に、イギリスの経済格差は大きく拡大した。これには、グローバルな規模での産業構造の転換や人口学的変化などが重層的影響を与えてはいるが、サッチャリズムによって推進された諸政策が小さくない影響を与えているのは明らかである（Seldon ed. 2007=2012）。たとえば、労働組合の弱体化によって最低賃金協議会は廃止に追い込まれ、賃金の底が抜けた。また、給付金を所得ではなく物価水準に連動させる措置によって、年金生活者や失業者などの非就労者層の生活は一層困窮した。さらに、間接税の比重を大幅に高めることで所得税の最高税率を引き下げるなどの租税政策上の変更によって、税負担は富裕層から貧困層に転化された。その結果、この間にイギリスの貧困世帯数は二倍以上に増大し、子どもの三人に一人ないし四人に一人が相対的貧困水準での生活を余儀なくされていた。こうした状況で首相となったブレアにとって、社会的公正の実現は喫緊の課題であり、そのための重要な要素として教育問題が重視されたのである。

ブレアは一九九九年三月のウィリアム・ベヴァレッジ記念講演のなかで、「我々の歴史的目的とは、我々が子どもの貧困を根絶する最初の世代になるということです。……これは二〇年越しのミッションです。しかし、その実現は可能であると私は信じています」(Walker ed. 1999: 7) と宣言した。この講演が行われた時期に政府機関によって公表された種々の調査報告書は、貧困のなかで育った子どもの場合、教育や労働市場において将来的に成功する機会がかなりの程度奪われていることを明確に示していた (Seldon ed. 2007=2012)。したがってニューレイバーにとって、教育を通じて人的資本の質を高めるためにまず講ずるべきは、不利な状況にある子どもが人生のスタートをより公平に切ることができるようにするための措置であった。

こうした理念に基づくニューレイバーの乳幼児期政策は、大きく四つの要素からなる (山口 2005; Seldon ed. 2007=2012)。第一の要素として、法定の産休手当の増額や有給休暇の延長が挙げられる。これによって、低所得就労家族であっても産後しばらくの間、子どもは母親とともに過ごすことが可能となった。第二の要素は、三歳や四歳の子どもに対する保育所の無料開放である。これは、不利な境遇にある子どもにとって、学校教育にスムーズに順応し成果を挙げるうえで、就学前教育が重要であるという認識に基づいている。第三の要素は、児童ケア労働者の地位、給与、労働条件の改善である。

ここには、大卒レベルの幼児教育専門職を新たに創設するなど、幼児ケアそのものの質を向上させようとする狙いがある。そして、第四の要素として、妊娠、出産、子育てに関して母親を様々な形で支援することを目的とした、シュア・スタートと呼ばれる一群のプログラムが挙げられる。これによって、たとえば低所得世帯であれば、妊娠が確認された時に五〇〇ポンドの妊娠補助金が支給される。さらに、妊産婦の心身のケアのためのカウンセリングや講習会、同じような若い母親を集めた交流会や同年代の子ども同士が一緒に遊ぶプレイグループが自治体によって提供されるようになった。こうした一連の政策によって、ニューレイバーは社会正義の観点から、これまでの労働党よりも積極的で具体的な子育て支援策ならびに教育支援策を打ち出した。

その一方でニューレイバーは、学校教育政策に関してはサッチャーが推し進めた中央集権化路線を踏襲したとみることができる。サッチャーは一九八八年に教育法を改正し、それまでのような地方教育委員会や学校ごとの独自性を廃し、全国共通のカリキュラムを策定した。さらに、全国共通の学力テストを実施して学校ごとの教育達成度を測るとともに、生徒の保護者による学校選択権を強化することで、学校運営に市場的競争原理を導入した（安達 2013）。ニューレイバー政権下では、こうした学校教育政策はさらに強化された。ブレアは学校評価機関である教育水準局の予算を一九九八年からの五年間で三倍に増やし、学校ごとの達成度をいままでよりも厳しく審査させた。そのうえで、校内秩序が悪化し、正常な授業の実施が困難であるような学校については、最悪の場合廃校にするという非寛容政策を打ち出した。また、教育技能省のホームページでは、共通学力テストにおける各小学校の平均点一覧が公表された。こうした一連の教育政策によって、学校現場では上意下達式に政府から送られる指示に基づき、生徒の点数を引き上げることが最優先事項となった（山口 2005）。

ニューレイバーの教育政策は、一方で機会の平等を実質化するための早期教育支援策を特徴とするが、他方では教育に対するそれまで以上の中央集権的な統制と評価という特徴も備えている。とりわけ後者に関しては、過度な競争や成果主義をもたらしているという批判が教育界を中心に行われた。ピエール・ブルデューやバジル・バーンスタインの文化的再生産論を想起すれば、幼少期の社会的公正と青年期の競争原理というニューレイバーのふたつの教育政策が密接に結びついていることは理解できる。しかし、こうした政策的な二面性が、ニューレイバーに対する評価を複雑なものにしていることもまた事実であろう。

(3) 治安・犯罪対策とメディア

ニューレイバーが特に重視したもうひとつの課題は治安対策であった。イギリスでは、保守党が政権を担っていた一九八〇年代から九〇年代にかけて犯罪件数が増大し、強い社会不安が多くの人々の間で共有されていた（Seldon ed. 2007=2012）。それは一九九二年に当時の党首スミスによって影の内務大臣に指名されたブレアにとって、真っ先に取り組むべき課題であった。

影の内務大臣となったブレアに求められたのは、「法と秩序」問題に関する主導権を保守党から奪取することであった。第三章ですでに触れたように、サッチャーは繰り返し「法と秩序」の危機に言及し、みずからの権力強化を成し遂げていた。また、サッチャーは選挙戦のなかで労働党の治安・犯罪政策の不十分さを批判することで保守党を優位な立場に置くことができた。犯罪にどのように向き合うのかということに関しては、伝統的にふたつの立場が存在する（山口 2005）。ひとつは犯罪者個人の責任を重視し、罰則を強化することで犯罪を抑止しようとする立場であり、もうひとつは犯罪を生み出す社会的背景を重視し、貧困や失業など犯罪をもたらす環境要因を取り除くことで犯罪を減らそうとする立場である。イギリスの文脈でいえば、伝統的に前者が保守党の、後者が労働党の立場にそれぞれ当てはまる。一九八〇年代以降、犯罪件数の増加や凶悪犯罪が人々の注目を集めるようになると、サッチャーは環境条件を重視する労働党の治安対策の「ソフト」さ、つまり「犯罪者に甘い」犯罪対策の不備を批判し、保守党に対する支持を拡大することができた。政権復帰を目指す労働党にとっては、保守党に遅れをとっている「法と秩序」問題という課題を乗り切ることがどうしても必要であった。

こうした課題に対して、影の内務大臣ブレアは「犯罪に厳しく、犯罪の原因に厳しく tough on crime and on the causes of crime」（Blair 1993: 27）というスローガンを掲げ、従来のふたつの立場を乗り越える決断をした。このスローガンは、犯罪を生み出す温床として労働党が伝統的に重視してきた失業問題や貧困問題の解決に向けて引き続き政策的に取り組むと同時に、犯罪者個人の責任をも厳しく追及するというブレアの強い決意の表れであった。こうしたブレアの姿勢によって、「法と秩序」問題は急激に政治問題化され、労働党だけでなく保守党にとっても、みずからがいかに犯罪に対して「厳しい」政党であるのかを明らかにすることが避けられなくなった。

そうしたブレアの姿勢は、政権獲得に成功した一九九七年総選挙においても貫かれている。この時ニューレイバーが発表したマニフェストには、「犯罪に関して、私たちは個人責任があることと犯罪に処罰がなされることを信じていますし、それだけでなく、犯罪の根底にある原因に取り組みます──すなわち、犯罪に厳しく、犯罪の原因に厳しくということです。これは過去の労働党のアプローチや、今日の保守党の政策とは異なるものです」(Seldon ed. 2007=2012: 229) と明言されている。

ニューレイバーの「厳しい」治安対策は、政権奪取翌年の「一九九八年犯罪及び秩序違反法 (1998 Crime and Disorder Act)」によって具体化された (Seldon ed. 2007=2012)。これによって、青少年犯罪や秩序違反を統制するための反社会的行動禁止命令 (Anti-Social Behaviour Orders) を始め、児童の夜間外出禁止命令、拘置及び訓練命令などの新たな権限が警察や裁判所に与えられた。また、一九九三年二月にリバプールで少年二人組が幼児を殺害したジェームズ・バルシャー事件をひとつの契機として増加傾向にあった監視カメラの設置台数は、ブレア政権誕生後さらに増加し、イギリスは最も監視カメラの多い国のひとつとなった (山口 2005)。

以上のようなニューレイバーの治安対策が、実際にどの程度犯罪の減少につながったのかについては評価が分かれているが、それがブレアの印象操作にとって重要な要素であったという指摘は注目に値する（Seldon ed. 2007=2012）。

一方でニューレイバーは、一九九七年以降犯罪が増加しているとして種々の「厳しい」治安・犯罪対策を講じたが、他方で一九九七年以降、法的・政策的に三〇〇〇以上の新たな種類の犯罪が生み出された（Morris 2006）。これは、ブレアが政権の座についている間、毎日一つずつ新たな犯罪が創造されたに等しい数である。したがって、ニューレイバーが主張する犯罪の増加に関しては、それまで犯罪とはみなされていなかった逸脱行動を犯罪として定義することによって、みずからが生み出していたという側面も見逃されてはならない。

さらに、これほどの数の犯罪が新たに生み出された背景として、社会問題の犯罪化を指摘する向きもある（Crawford 1998）。すなわち、それまでは「社会問題」として定義されていた事柄が「犯罪問題」として定義し直されていくことで、犯罪予防ないし犯罪の減少がニューレイバーの社会政策における中核的な目標になっていたということである。したがって、ニューレイバーは社会病理を犯罪や社会秩序の問題として再定義し、刑事司法制度の射程を地域社会や家族生活など、これまでよりも広い範囲に拡大し、その影響力を強化したのである。

ブレアがこれほどまでに治安・犯罪対策を重視したのは、選挙戦略として従来の労働党とみずからを差異化し、保守党と同質化していく必要があったからというだけではない。ブレアはメディアを巧みに利用した政治家として知られているが、ニューレイバーの治安・犯罪対策もまた彼のメディア戦略と密接に結びついている。

第一に、ブレア政権は自分たちにとって都合の悪い事実が明るみになった時や批判の矢面に立たされている時に、新たな政策や法令を大々的に発表し、人々の注意をそらしてきた。この戦術において中核的な位置づけを与えられていたのが治安・犯罪対策であった（Seldon 2007=2012）。たとえば、一九九九年に大臣経験者である労働党のピーター・マンデルソンが無利子で住宅購入資金を借り受けたという不祥事が発覚した際、ブレア政権は押し込み強盗に対するいわゆる「三振法」[1]の施行を急遽発表した。この「三振法」は、政権交代前に保守党のマイケル・ハワード政権が制定した一九九七年犯罪法の一部として導入されるはずであったが、反対が根強く、ニューレイバーのジャック・ストロー内務大臣によって施行が延期されていた条項であった。多くの人々の注目を集める治安・犯罪対策は、ニューレイバーにとって他党やメディアからの批判をかわす手段という側面を持っていた。

第二に、そしてこちらがより重要であるが、ニューレイバーによる「厳しい」治安・犯罪対策は、サッチャリズムが実践したモラル・パニックを通じた権力強化モデルを踏襲したものだったと考えることができるのではないだろうか。サッチャーがそうであったように、ブレアもまた政権運営のなかで多くのモラル・パニックに見舞われた。とりわけ、二〇〇五年以降イギリス国内がテロリズムの脅威にさらされたことで、犯罪に対する不安はさらに高まった。ブレアは犯罪者やテロリストに対する人々の厳罰化要求をニューレイバーの不寛容（ゼロトレランス）政策へと結びつけ、「犯罪に厳しく」対処すると同時にみずからの権力強化を成し遂げていたと考えられる。そのようにして権力の強化が最高潮に達した時、ブレアは大量破壊兵器についての明確な証拠もないままに、多くの反対の声を押し切ってイラク戦争へと突き進み、多くの支持を失ったのである。

三　「第三の道」とホール

ここまでみてきたように、ブレア率いるニューレイバーの政策は、社会的公正という伝統的な社会民主主義の主題を軸としながらも、従来の労働党の枠組みに収まりきるものではなかった。ニューレイバーがオールドレイバーから区別される最大のポイントは、ブレアがそれまでの労働党のような福祉国家型の社会民主主義でも、サッチャリズムのようなむき出しの新自由主義でもない、新たな「第三の道」を志向した点にある。

アンソニー・ギデンズが提起したこの「第三の道」（Giddens 1998=1999）というスローガンは、ニューレイバーの政策全体を貫く最も重要なスローガンであり、イギリスのみならず多くの国々の政策にも影響を与えた。しかし一方で、その内実をめぐり多方面からの批判が寄せられ、ギデンズ自身もそれらに対して反批判するなど、きわめて論争的なスローガンであることも事実である（Giddens 2000=2003）。ホールのニューレイバー評価もまた、この「第三の道」に対する批判を軸に展開されている。そこで、まずはニューレイバーの目指す「第三の道」がいかなるものか確認することから始めよう。

(1)「第三の道」とは何か

ギデンズによれば、「第三の道」の政治にとっての根本原理は、大きく六つに整理することができる（Giddens 2000=2003: 58-63）。

第一の原理は、「第三の道」が冷戦終結以後の世界の論理を受け入れるということである。ギデンズは、現代政治においてもなお左派・右派という区分がある程度の重要性を保持していることを認めつつも、この対立軸だけでは解明できない多くの課題や問題が存在することを強調する。したがって、「第三の道」とは、単に社会民主主義と新自由主義の中道を選択するということではなく、両者を超克するよりラディカルな政治を含むものである。

第二の原理は、「第三の道」が三つの主要な権力領域、すなわち政府・経済・市民社会のコミュニティはすべて、社会的連帯と社会的公正の利益のために制約される必要があると主張するということである。ギデンズによれば「実効的な市場経済と同様に民主的な秩序は、活力ある市民社会に依拠している」（Giddens 2000=2003: 59）のであり、「さらに市民社会は市場経済と民主的秩序によって制限を加えられる必要がある」（Giddens 2000=2003: 59）。すなわち、これら三つの領域は相互にバランスを保っており、特定の領域が過剰に肥大化したり縮減されたりすることは、他の領域の機能不全を招くことになる。こうした文脈で、ギデンズは国家の膨張を批判したネオリベラリストの判断を支持するのである。

第三の原理は、「第三の道」が「権利にはつねに責任が伴う」という命題に基づき、新たな社会契約を構築するということである。それはつまり、「公共財から利益を得る人々は、責任を持って公共財を利用するとともに、そのお返しとして、より広い社会共同体へ何かを贈与すべきである」（Giddens 2000=2003: 60）ということを意味する。ギデンズは、こうした考え方はシティズンシップの特徴のひとつであり、社会のあらゆる主体に適用されるべきであると述べているが、それが福祉依存を招いた旧来の福祉国家型社会民主主義に対する反省を基礎としていることは、ニューレイバーのワークフェア政策を想起すれば想像に難くない。

第四の原理は、「第三の道」が経済領域において広範なサプライ・サイド政策の発展を目指すということである。ギデンズによれば、新しい情報経済では人的資本および社会関係資本が経済的成功にとっての要諦となる。したがって、こうした形態の資本を育成するため、教育・コミュニケーション・社会的基盤における広範な社会的投資が必要になる。「可能な限り人的資本に投資する」というブレアのスローガンは、福祉国家が「社会的投資国家」（Giddens 2000=2003: 60）として再構築されなければならないということを意味している。

第五の原理は、「第三の道」が平等主義的原理に基づいた多様性のある社会の育成を目指すということである。ギデンズによれば、社会的な多様性は厳密な意味での結果の平等とは相容れないものであり、「第三の道」の政治は結果の平等ではなく機会の平等をできる限り拡大することを目指すことになる。しかし同時にギデンズは、「第三の道」が結果の不平等を縮小することにも継続的に取り組まなければならないことを強調する。それは、機会の平等が富と所得の不平等を生み出す可能性があるからであり、結果として次世代の機会を制限してしまうからである。社会主義のプロジェクトが頓挫してしまった現代において、「今日の社会民主主義者は、社会の底辺と頂点における、より新しい形態の排除と戦う必要がある」(Giddens 2000=2003: 62)。

第六の原理は、「第三の道」がグローバル化を真摯に受け止めるということである。今日では、地域的・国家的・世界的規模の諸水準におけるグローバルな変動に対処しなければならない。そのためにギデンズは、「第三の道」が現存するグローバルな制度を変革することと、新しいグローバルな制度の創出を支援することを目指すべきであると提言するのである。

以上のような「第三の道」政治の諸原理は、大きくふたつの軸によって貫かれている。ひとつの軸は「現代化」、もうひとつの軸は「社会的包摂」である。前者についてはすでに述べたが、冷戦の終結やグローバル化の進展といった世界規模の変化を踏まえ、労働党をより現代的な国民政党として再構築しなければならないということである。後者については、サッチャリズムが加速させた「社会的排除」に対する反省という側面が強い。サッチャリズムの市場原理主義や競争原理は、一方で英国病からイギリスを脱却させたが、先述したようにイギリスをこれまで以上の格差社会にした。競争に敗れた人々は社会的に排除され、社会の周縁に留まり続けなければならなかった。また、移民やエスニック・マイノリティの人々は、そもそもこの競争に参加することもできず、初めから排除されている場合も少なくなかった。社会的排除の拡大は、犯罪の増加、社会秩序の崩壊、労働力の質の低下といった負のコストをもたらしかねない。だからこそギデンズ＝ブレアは、「できる限り人的資本に投資」することで、単に保護されるだけの受動的な個人からより積極的・能動的な主体になるよう訓練し、そうした自律性を持った多様な諸個人の連合として新たな多文化社会イギリス、「クール・ブリタニア Cool Britannia」を構想したのである。

(2)　ホールのニューレイバー評価

ギデンズ自身は以上のように定義する「第三の道」であるが、ホールの目にはどのように映ったのであろうか。ここでは、「第三の道」さらにはニューレイバーに対するホールの評価を分析することにしよう（Hall 1998; Hall 2011）。

一九七〇年代から八〇年代にかけてホールがサッチャリズムを批判した際、彼はサッチャリズムをひとつの「プロジェクト」として分析した。なぜなら、サッチャリズムが明確な哲学を持ち、イギリスの政治的な景色を不可逆的な形で一変させてしまうことを目的とした体系的な試みだったからである。ところが、ホールはニューレイバーの試みをサッチャリズムと同じような意味で「プロジェクト」であるとは考えていない。ホールがみたところ、「第三の道」はブレアやギデンズが主張するような野心的なプロジェクトを現実には持ち合わせていない。それどころか、「第三の道」においてニューレイバーはラディカリズムから撤退し、あらゆることに対して中庸の道を選択しているにすぎない。そのことは、ブレアが「ビッグテント」を広げたことと密接に関連している。ホールは、「第三の道」の包括性が、結果的にその内容を曖昧なものにしていることを次のように指摘している。

> 「両方の性質を兼ね備えて」、「超越して」、「範囲を超えて」などの悩ましい副詞を乱用していることからもわかる通り、「第三の道」が意味的に曖昧であることの決定的な理由は、それがすべてを包括しようとしていることに求められる。「第三の道」には敵がいない。誰もが同意しうる。「第三の道」はあたかも、和解することのできない紛争的な利害関心などもはや存在しないかのように語る。つまり「第三の道」は、「敵対者のいない政治」を心に思い描いている。(Hall 1998: 10)

このように考えると、ニューレイバーはホールが待望していたような左翼の「刷新」ではありえない。ホールは労働党がサッチャリズムの教訓に学ぶことで左翼的な理念を現代化し、それに基づいて世界に働きかけ、変革することを望んでいた。しかし、包括性を重んじるあまり、ニューレイバーは世界を変革するのではなく、世界をあるがままに受け入れることに終始しているとホールは批判する。

こうした傾向は、「第三の道」が、現代の重要な特徴としてグローバル化を重視していることの内にも見出すことができる。先にもみたように、ニューレイバーはグローバル化の影響力が圧倒的なものであり、その影響を真摯に受け止めなければならないと考えていた。しかしホールによれば、グローバル化についてのニューレイバーの理解は、その政策全体の正当性を疑わしいものにしている。

> ニューレイバーは、グローバル化をあたかも自己調整する容赦ない自然の力のように扱っている。つまり、ニューレイバーはグローバル経済を天候のようなものだと考えているのである。
> (Hall 1998: 11)

ニューレイバーが、人間の力の及ばない、天候のようなある種の不可抗力としてグローバル化を認識しているのだとしたら、「第三の道」が掲げる「グローバル化を真摯に受け止める」とは、新しい「世界のあり方」（Hall 1998: 11）をそのまま引き受けることと同義である。ホールは、ニューレイバーのこうした傾向を、ブレアのスピーチの内にも看取している。

〔労働党大会のスピーチで〕ブレアは急速に変化するグローバル経済に対する反応として「変化を管理する」と述べた。しかし、彼は実際には、私たちは「自分たちがコントロールすることのできない変化に、何とかしてみずからを適応させ」なければならないと言っていたように思う。（Hall 1998: 11）

ホールは、こうした「第三の道」の受動性が、ニューレイバーを新自由主義の市場原理主義的な教義に結びつけている点を強調する。ホールによれば、ブレアは確かに「社会的包摂」を目標として掲げてはいるが、実際にはニューレイバーは公正な分配に関する具体的なアイディアを何も持ち合わせていないのである。それどころか、ニューレイバーは「敵対者のいない政治」を想定しているがゆえに、「社会的不平等がますます拡大していくのを認識していながら、私たちが富やライフチャンスをより公正に分配することを阻害している、構造的な利害関係が存在するかもしれないということについて認めるのを拒否するのである」（Hall 1998: 10）。そして、結果的にこの政策的な間隙を埋めるのは、ネオリベラルな「市場化」（Hall 2011: 19）の論理である。だからこそホールは、社会民主主義の「現代化」を掲げるニューレイバーが、実際には「より強固で永続的で安定した形態」（Hall 2011: 18-9）のサッチャリズムであると結論づけるのである。

四　ニューレイバーとサッチャリズム

以上のようなホールによる批判を始め、ニューレイバーの掲げる「第三の道」というスローガンをめぐっては、イギリスの内外を問わず多くの議論が交わされた。ギデンズは、『第三の道』を世に問うてから二年後、主要な批判を整理し、それらに応える形で『第三の道とその批判』（Giddens 2000=2003）を発表した。そのなかでギデンズは、ホールを「第三の道」についての主要な批判者のひとりとして取り上げ、先述した批判を整理し、繰り返しホールに対する反批判を行っている（Giddens 2000=2003: 12-4, 26, 31-2, 50）。

ギデンズのホールに対する反批判の要点は、ホールが時代遅れの左派的な教義に固執しているということである。本書でこれまでみてきたように、ホールはニューレフトとして、時代遅れの教義に固執する労働党をつとに批判してきた。そのホール自身がギデンズから同じように批判されるというのは、左右の別があくまで相対的な尺度に過ぎないことを再認識させてくれる点で興味深い。ギデンズは、先に第四章で取り上げた「新しい時代」に関するホールの議論に言及しながら、ホールの政治的立場を厳しく批判する。

新時代が意味していることとは、社会主義的思想および社会民主主義的思想の遺産全体を再考しなければならない、ということだった。

しかしながら、ホール自身の政治的定式は、それらを判読するかぎりにおいては、伝統的な左派の教義を相変わらず繰り返しているように思われる。中道左派の政策とは、とりわけ市場によって生み出される不平等や不安定性に対抗するために、集産主義的な措置を講ずるものである、と彼は述べている。資本主義は問題であり、左派の目標は資本主義とその回し者である大企業を統制するために、国家とその歳入を増強することである、とされる。

しかしながら、これではあたかも新時代が存在しないかのようにふるまっていることになる。新時代に旧来の左派は順応していないし、順応できないのである。私の考えでは、第三の道政治の目標は、新時代の政治的意味合いを徹底的に究明することである。認識すべきことは、このことが左派の既成の見解と政策を、根本的に見直さなければならないことを意味している、ということである。(Giddens 2000=2003: 32)

本書におけるここまでの議論を踏まえてギデンズのホール批判を読むならば、ホールとギデンズの主張がまったく異なっているというわけではないことに驚かされる。とりわけ、「新しい時代」の左翼のあり方についていえば、両者は表面的には同様の主張をしているようにみえる。すなわち、「新しい時代」の諸変化に旧来の左翼は対応できていないのであり、左翼の刷新を望むのであれば既成の理念や政策を抜本的に再考しなければならない、と主張している点で両者は一致している。

では、ふたりの主張を相異なるものにしているポイントはどこにあるのか。それは「抜本的に再考する」という言葉の内実である。第四章で述べたように、ホールにとって既成左翼の理念や政策を抜本的に再考するとは、時代の変化を敏感に察知することで「常識」や「新しい時代」といった記号をみずからの言説に分節化したサッチャリズムの教訓に学びながら、左翼がみずからの核心的な理念や政策を現代化し、サッチャリズムに占有されている記号を自分たちの言説に再分節化することを意味している。したがって、ギデンズが指摘するように、ホールは既成左翼の教義に固執しているというわけではない。そうではなく、時代遅れになった教義に含まれている、左翼にとって核心的な理念や政策に正面から向き合い、それを「新しい時代」の諸変化に順応する形で刷新し、これまでの左翼の限界を乗り越えることを志向しているのである。ホールの目には、ギデンズやブレアが核心的な理念や価値と向き合うことを放棄してそれらを捨て去り、そのことによって生まれた理念的空白を新自由主義によって埋め合わせ、それをもって左翼の刷新を主張しているように映ったのであろう。

それでは、ホールの考える左翼にとって核心的な理念や政策とは何か。この点について、ホールはみずからの考えを明言していない。そこで見方を変えて、ホールはニューレイバーの何が新自由主義的だと考えているのかを検討しよう。

第一にホールは、ニューレイバーにとって「市場化」がそのネオリベラルなプロジェクトの最前線に位置づけられると分析する（Hill 2011）。ホールは、ニューレイバーによる経済政策の主要な成果とされる「民間資金調達イニシアティブ[2]」や「官民パートナーシップ[3]」の導入によって、公共サービスのエートスが不可逆的に変質し、コスト削減がサービスの質より優先される傾向にあることを強く批判している。ホールによれば、「ニューレイバーは市場戦略に適応し、競争的なディシプリンに服従し、企業家的価値観を信奉し、新たな企業家的主体を作り出している」（Hall 2011: 19）。

第二に、ホールはニューレイバーの権威主義的な側面をその新自由主義的な特徴として指摘している。首相としてのブレアを性格づける際、「大統領型首相」あるいは「選ばれた独裁者」という用語が用いられることがある（山口 2005）。こうした表現の妥当性については議論の余地もあろうが、首相としてのブレアは実際にきわめて強力なリーダーシップを発揮し、時に周囲の反対を押し切ってでも政策決定を行うだけの権威を有していた。こうした権威を支えていたひとつの要因が、ニューレイバーの治安・犯罪対策であったことは本章ですでに述べた。「地方分権や住民参加といった将来展望や、権限移譲や制度改革に関する公約にもかかわらず、ニューレイバーがますます民主主義を実践する際の手続きを煩わしいものだと感じていることに、人々は不快感を覚えている」（Hall 1998: 13）とホールが指摘するように、ニューレイバーは次第により「直接的」な統治形態を志向するようになった。だからこそホールは、ニューレイバーによる統治が「大衆的 popular」というよりはむしろ「大衆迎合的 populist」であり、「サッチャー女史によるネオリベラル・ライトのポピュリズムとは異なるが、それでもなおニューレイバーは『権威主義的ポピュリズム』の一形態である」(Hall 1998: 13) と結論づけるのである。

以上のように、ホールはニューレイバーの推し進めた「管理市場化」(Hall 2011: 19) がその新自由主義的側面の核心だと洞察している。なぜならそれによって、「経済は積極的に『自由主義化』される一方で、……法律、規制、モニタリング、サーベイランス、不明瞭な『標的』と『コントロール』の文化によって社会は封じ込められてしまった」(Hall 2011: 19) からである。

ところで、こうしたホールの指摘は、翻ってニューレイバーが捨て去ってしまったと彼の考える、左翼にとっての核心的な理念・政策を示しているのではないか。すなわち誤解を恐れずにいえば、それは「結果の平等への意志」ということになるのではないだろうか[4]。冷戦構造が崩壊し、東側陣営が実質的な影響力を喪失した現代社会において、ホールの言う新自由主義革命の進展を押しとどめるような現実性を有したオルタナティブは存在しない。しかしそのことは、たとえばサッチャーがそう信じていたように、市場競争にすべてを委ねておけば万事うまくいくということを保証するものではない。とりわけ、社会福祉や所得の再分配といった課題は、新自由主義の教義と親和性を持たない。

だからこそホールは、「新しい時代」の左翼がみずからの教義を単に捨て去るのではなく、「刷新」することを望んだのである。

ホールは、ニューレイバーに関する論文を次のような言葉で締めくくっている。

グローバルな水準でも国内的な水準でも、サッチャリズムが作り出した「転換」の一般的な特質は、根本的に修正されたり覆されたりしてはいない。したがって、刷新のプロジェクトは、『マルキシズム・トゥデイ』の最終号が発行された当時の状況とほとんど変化していない。ブレア氏はその言葉のいくつかを学んだようである。しかし残念なことに、彼は音楽を忘れてしまった。(Hall 1998: 14)

ホールにとってのニューレイバーあるいはその「第三の道」という試みは、サッチャリズムが占有していた「新しい時代」を左翼のために再分節化する試みであったというよりも、サッチャリズムの後を引き継ぐものであった。ブレアはサッチャリズムからいくつかの言葉を学び、「新自由主義の長きにわたる行進」に加わった。それでは、ホールの指摘する、ブレアが忘れてしまった「音楽」とは何であろうか。それは、左翼にとっての核心であり、本書におけるホールの議論全体に通奏低音のように響いている「結果の平等への意志」という名の「音楽」である。

註

1　累犯者に対して厳罰を科すため、過去に二度重大犯罪を犯して有罪判決を受けた者がさらに犯罪を犯した場合、罪の軽重にかかわらず二〇年程度の長期刑や終身刑を科すもの。スリーストライク法。三振即アウト法。

2　これまでの公的部門による社会資本の整備・運営に民間資本や経営ノウハウを導入し、民間主体で効率化を図ろうという政策手法のこと。

3　公的部門による社会資本の整備・運営を公共と民間の強力により効率化しようという政策手法のこと。

4　あらかじめ断っておくが、ホールはその生涯を通じて計画経済に移行すべきであると主張したことはない。また、ブレアが労働党綱領第四条を改正したことについて明確な批判をしているわけでもない。したがって、この結論をもって、ホールが教条主義者であるということを主張したいのではない。

終章　新自由主義の行進は続いていく

二〇一四年二月一〇日、スチュアート・ホールは腎不全による合併症のため、八二年にわたる生涯をイギリスで終えた。ガーディアン紙はすぐさま「多文化主義のゴッドファーザー」(Guardian, February 10, 2014) という見出しで、ホールの死を大きく報じた。果たしてホールが「ゴッドファーザー」であったのかはここでは問わないが、彼の名前がすぐさま多文化主義と結びつけて語られたのは、先述したように、一九九八年に組織された「多民族イギリスの未来についての委員会」のなかでホールが主導的な立場を担い、その後二〇〇〇年に発表された『パレク報告』がニューレイバーの多文化主義政策に多大な影響を与えた、という印象がイギリス国民に広く共有されていたためであろう。

ニューレイバーの多文化主義政策は、その後二〇〇五年に大きな転換点を迎えた。その直接の契機となったのは、同年の七月七日に発生したロンドン同時爆破事件であった。このテロ行為により、実行犯四人を含む五六人が死亡し、七〇〇人以上の無辜の市民が負傷した。この事件がイギリス国民に大きな衝撃を与えたのは、単にそれが「私たちの九・一一」(The Daily Star, July 8, 2005) として受け止められたからというだけではなく、その実行犯がイギリス育ちのイスラム教徒だったからである (安達 2013)。それまでのニューレイバーは、「コミュニティの結束」や「統一のなかの多様性」といったスローガンのもとに、多文化主義的な社会統合政策を展開しており、ブレアもその成果には一定の自信をのぞかせていた。それにもかかわらず、イギリスで育ったムスリムの若者によって自国民に対する無差別テロが発生したという事実は、ニューレイバーに対して多文化主義政策の抜本的な見直しを迫るものであった。

この事件の後、イギリスのマスメディアは「多文化主義の失敗」を高らかに宣言し、こぞって多文化主義に対する大々的な批判を展開した。それによれば、差異を強調する多文化主義の行き過ぎは、むしろコミュニティを孤立させ、結果的にテロリズムや暴動を生み出すようなコミュニティ間の敵対関係を助長しているという (安達 2013)。こうした批判を受けて、ニューレイバーはそれまでのような多文化主義政策から距離を置き、多民族社会を統合するナショナル・アイデンティティの構築へと向かうことになるのである。

多文化主義に関する以上のようなイギリス的文脈を考慮すれば、先の「多文化主義のゴッドファーザー」という表現が、過ぎ去った時代とホールとを結びつける言説であることがわかる。すなわち、「（すでに時代遅れになった）多文化主義のゴッドファーザー」という表現は、ホールの知的営為そのものを過去の遺物としてしまう危険性を孕んでいる。

しかし、本書ではここまで、ホールの時事論的な議論をひとつの連続性のなかで考察することを通じて、彼の議論は今日においてもなおその重要性がいささかも減じられていないことを明らかにしてきた。ここであらためて、本書の成果を確認しておこう。

第一に、ホールは青年期の問題枠組みを生涯一貫して追求していたことが明らかになった。この点に関しては、主に第一章で議論した。ホールは、経済決定論を否定し、文化領域と他領域との影響関係・対立関係を生涯理論化し続けた。こうした前提があるからこそ、ホールは文化と政治との関係性を対象化し、カルチュラル・スタディーズへ向かったといえる。さらに、ホールがサッチャリズムの文化戦略を洞察し理論化できたのは、こうした問題構成が保持されていたからに他ならない。その点で、この前提はホールの新自由主義論の特徴のひとつである。

第二に、ホールの主張する「新自由主義革命」とは何かが明らかになった。これについては、「新自由主義革命」という言葉を「新自由主義」と「革命」とに区切り、それぞれについてのホールの考えを確認することが肝要である。ホールの議論する「新自由主義」とは、多様な要素を含みこみながらも、煎じ詰めればサッチャリズムにおいて体現されている一連のプロジェクトを指していた。それは、第二次世界大戦後のイギリスにおいて支配的であった「合意」に基づく社会を、「強制」に基づく社会へと全面的に転換することで、権力のより直接的な維持・拡大を志向するプロジェクトである。

それでは、ホールは「革命」をどのようなものとして理解していたのか。第四章でみたように、ホールにとっての「革命」は、暴力革命のような「機動戦」ではない。ホールにとっての「革命」とは、記号をめぐるヘゲモニー闘争であり、常にヘゲモニーを再獲得し続けなければならない「陣地戦」である。そのため、結果的にそれは永続革命とならざるを得ない。

このようにそれぞれの言葉の含意を理解するならば、ホールの言う「新自由主義革命」とは、サッチャリズムだけで完結する試みではない。サッチャリズムへとつながる前哨戦が存在するのであり、サッチャリズムが退いた後もその戦いは継続されるのである。したがって、第二章のモラル・パニック論や第五章のニューレイバー論については、「陣地戦」としての新自由主義革命の連続性、というホールの新自由主義論の特徴を意識した構成になっている。

第三に、ホールの言う「新自由主義革命」にとって特徴的な戦略とは何かが明らかになった。それは「権威主義的ポピュリズム」である。第三章で検討したように、ホールによればサッチャリズムは、モラル・パニック[1]を通じてポピュリズム的にみずからの強制力強化に関する人々の能動的同意を獲得し、それを通じて人々を権威主義的に退行的近代化プロジェクトへと動員することができた。さらに第五章では、ニューレイバーもまた同様のメカニズムによって獲得した強制力を背景に、「新自由主義革命」を推し進めていることを確認した。こうした「新自由主義革命」の特徴は、先述したように新自由主義が同意よりも強制を志向していることの証左である。

以上のように、本書ではホールの言う「新自由主義の長きにわたる行進」にかかわる諸問題を年代順に辿りながら、ホールがその時々に格闘していた社会状況をひとつの連続性へと結びつけてきた。最後に、ホールの理論的営為における連続性を強調する本書の試みが、日本におけるカルチュラル・スタディーズに対する私なりの挑戦であったことを告白しなければなるまい。

私が初めて「カルチュラル・スタディーズ」に触れた二〇〇〇年前後は、まだ一九九〇年代のいわゆる「カルスタ」ブームの熱気が冷め切っておらず、「カルチュラル・スタディーズ」を標榜する著書や入門書の類が数多く出版されていた。既存のアカデミックなディシプリンには収まりきらない刺激に満ちた種々の議論は、難解であるがためにそのすべてを理解することはできなかったが、それでも文化研究を志す私を惹きつけるには十分であった。これらを手当たり次第に乱読するうちに、私の目は最も大きな存在感を放っていたスチュアート・ホールへ自然と向けられた。本書でも触れた「エンコーディング／デコーディング」や「分節化」といったキー概念を知るうちに、ホールの思想全体を知りたいと考えるようになった。しかし結果的に、この試みはきわめて大きな困難を伴うものであった。それはひとつには、先述したようにホールの著述スタイルに原因がある。必ずしも多くの読者を擁するわけでもない多様な媒体に、断片的に論考を発表する彼のスタイルは、その全体像の把握をきわめて困難にした。もうひとつの困難は、カルチュラル・スタディーズという学問そのものの性格に起因する。

日本におけるカルチュラル・スタディーズの入門書のなかでもとりわけ多くの人々に読まれ、私自身最も大きな影響を受けた上野俊哉と毛利嘉孝による『カルチュラル・スタディーズ入門』の冒頭で、彼らはこの点を端的に表現している。彼らによれば、「カルチュラル・スタディーズの言説においては、つねに誰が、何のために、何によって、どんな立場で語っているのかが問題化される」（上野・毛利 2000: 7）。上野や毛利に限らず、日本におけるカルチュラル・スタディーズを牽引した先達に共通しているのは、カルチュラル・スタディーズの諸議論を大文字の「理論」とするのではなく、現実の世界で起きている現象を読み解くための一種の「道具」として活用しようとする姿勢である。こうした姿勢は、マルクスやグラムシ、あるいはアルチュセールの諸議論を「ブリコラージュ」し、現実の社会現象を読み解いたホールの姿勢と共通するものであり、カルチュラル・スタディーズにとって根幹的な要素である。しかしこのことは、ホールの理論そのものを探求しようとすることを私に逡巡させた。私が、日本におけるカルチュラル・スタディーズのシンポジウム（「カルチュラル・タイフーン」）でホールの理論研究を発表した際に、どうにも拭い去れない居心地の悪さを感じたのは、このことと密接に関連している。それをもって何かを語るのではなく、ホールの理論そのものを対象とすることが、カルチュラル・スタディーズの「ディシプリン」に相応しくなかったのである。
しかし、こうした迷いを晴らしてくれたのも、またホールであった。ホールは、みずからがたびたびグラムシに言及することについて、グラムシをある種の「預言者」として利用しているのではないことを強調している。

私は、いかなる単純な意味でも、グラムシには我々の今日的課題に対する「解答がある」とか、グラムシはそれら諸々の課題の「鍵を握っている」などと主張しない。むしろ、私が考えているのは、我々は我々の問題をグラムシ的な方法で——ただし、同じものではないが——「考え」なければならないということである。（Hall 1987: 161=1998: 116）

ホールがサッチャリズムを分析する際にグラムシを引いたのは、グラムシが生き苦闘した時代と、当時のホールの眼前に広がる世界とが、全く同じではないが類似した「複合情況 conjuncture」（Hall 1987: 161=1998: 116）を共有していたからである。したがってホールは、かつての教条主義的なマルクス主義者がそうしたような意味でグラムシアンだったのではない。すなわち彼は、グラムシや彼の著作物を神聖視し、そこにすべての答えが預言されていると主張しているのではない。サッチャリズムという新たな歴史的情況に直面してもなお、既存の理論枠組みに固執する左翼を前に、ホールはそうした左翼の限界を乗り越える方途を考え出すために、類似した情況を生きたグラムシの理論枠組みを「使った」のである。だからこそ、ホールにとって「グラムシは、難問を解決するための道具を我々に与えてくれるのではなく、一九八〇年代と九〇年代の政治に関する適切な種類の問いを発するための手段を与えてくれる」(Hall 1987: 162=1998: 117; 強調引用者) 存在なのである。

こうしたホールの考えを踏まえて、今日の日本におけるカルチュラル・スタディーズの現状にあらためて目を向けると、先達たちの意志が適切に継承されているとは言い難い。先述したカルチュラル・スタディーズの「ディシプリン」についていえば、理論を現状分析のために「使う」ことは、その理論が生み出された時代背景や社会状況を全く無視して、理論枠組みや概念を自由自在にみずからの目的のために奉仕させてよいということを意味するのではないはずである。ホールが晩年にいたるまでマルクスやグラムシの思想と、彼らが生きた当時の歴史的情況を丹念に学び続けたように、理論そのものについての深い理解なくして、先人の理論を今日的な問いを発するための資源とすることなどできない。だからこそ、本書では、ホールの生きた歴史的情況に着目しながら、彼の理論そのものの意義を分析対象とした。もしかしたら、本書の作業は、ホールの多様な知的貢献を本人の望まない恣意的なストーリーのもとに固定化してしまったのかもしれない。しかし、これこそが私の文化研究の理論的源泉であり、ここから私の「カルチュラル・スタディーズ」は始まるのである。

二〇一〇年、ニューレイバーから一三年ぶりに政権を取り戻したキャメロンは、本書で検討してきた「新自由主義革命」の特徴を有しているのであろうか。ホールは、二〇一一年の段階では、保守党・自由民主党連立政権を評価する材料に乏しいと前置きしながらも、キャメロンの打ち出した「ビッグ・ソサエティ」構想があまりにも空虚であり、結果的には彼も「新自由主義の長きにわたる行進」に加わることになるだろうと述べている（Hall 2011）。ホールは、キャメロン政権の行く末を見届けることなくその生を終えた。しかし、ホールの指摘が正しければ、ホールのいない世界でも「新自由主義の長きにわたる行進」は続いていくだろう。私たちは、ただこの「行進」を見送ることしかできないのであろうか。

完遂されたプロジェクトとして、「ヘゲモニー」を達成したプロジェクトは存在しない。それは過程であり、安定した状態ではない。永遠の勝利や最後の勝利は存在しない。ヘゲモニーは、絶えず「改良」され、維持され、刷新され、改訂されている。（Hall 2011: 26）

ホールは、「新自由主義革命」に関する論考をこのように締めくくった。ヘゲモニーが常に未完のプロジェクトなのであれば、「行進」の行き先もまた未定だということである。私たちは、ホールのこれまでの知的営為に、これからの私たちが直面する問題の答えを求めてはいけない。しかしホールは、私たちがこれから直面する問題にどのような問いを発すればいいのか、その理論的資源を与えてくれている。ここから先の「行進」と向き合うのは、他の誰でもない、私たちの仕事である。

註

1 モラル・パニックについて付言するならば、第二章で検討したように、その発生と展開にとってマスメディアの果たす役割はきわめて大きい。したがって、モラル・パニックに関する議論は、ホールの主要な業績のひとつであるマスメディア論と新自由主義論との結節点となる重要な論点である。

補論　ホールの教育論

一　ホールのキャリアと成人教育

(1)　教師としてのホール

スチュアート・ホールの八二年の生涯を振り返ってみると、彼は文化研究者であると同時に、ひとりの「教師」であったことに気づかされる。上野俊哉と毛利嘉孝は、「カルチュラル・スタディーズを作ったのは私ではなく、私の生徒たちが作ったのだ」（上野・毛利 2000: 70）というホールの口癖を紹介している。カルチュラル・スタディーズの形成に研究者としてのホールが果たした役割の大きさはいうまでもないが、実際にホールはディック・ヘブディジやポール・ウィリス、アンジェラ・マクロビーやポール・ギルロイといった、その後のカルチュラル・スタディーズの中心人物を数多く育成した「教師」でもあった。

そもそも、ホールのキャリアは、ケニントン・オーヴァルの中学校の代用教員としてスタートしている（Hall 1959）。先述したように、ヘンリー・ジェイムズに関する博士論文の執筆を中断してオックスフォード大学大学院を離れた後、『ユニヴァーシティーズ・アンド・レフト・レビュー』誌の編集をする傍ら、ホールは中学校の教員として働き、生徒たちを取り巻く人種的軋轢の渦中に身を置いていた。その後、一九六一年（二九歳）から六四年（三二歳）までロンドン大学チェルシー・カレッジで三年間、六四年から七九年（四七歳）までバーミンガム大学現代文化研究所で一五年間、七九年から九七年（六五歳）までオープン・ユニヴァーシティで一八年間、それぞれ教育活動を行っている。

こうしてみてみると、ホールが最も長い時間を過ごした職場は、成人教育を目的とするオープン・ユニヴァーシティであったことがわかる。すでにバーミンガム大学現代文化研究所で行ったカルチュラル・スタディーズに関する研究が国内外から高い評価を得ていたこともあり、当時のホールには有名大学の社会学部教授としてのオファーがいくつか届いていた（Chen 1996=1996）。それにもかかわらず、彼はそうしたオファーを断り、オープン・ユニヴァーシティを選択した。その理由を、彼は後年のインタビューで次のように語っている。

オープン・ユニヴァーシティはすごく可能性のある選択だと思いました。つまり、より開かれていて、学際的で、因習に捕われないあり方で、私の世代の願い――一般の人々……と語りたいという願い――が、叶うかもしれないと思えたのです。……他方ではこうも思いました。これは……カルチュラル・スタディーズのパラダイムを、民衆の水準に当てはめる絶好の機会ではないか、と。……それは、一つのシステムとしての高等教育の選別性に対する挑戦でした。

(Chen 1996: 500-1=1996: 27)

新聞や雑誌においてホールを形容する際、「有機的知識人」あるいは「パブリック・インテレクチュアルズ」という言葉がたびたび用いられている。これらは、ホールがアカデミズムの世界と日常の世界とを往復し、学問の世界に閉じるのではなく、より広い世界の人々に語りかけていたことを表現している点で共通している。成人教育を行うオープン・ユニヴァーシティを選択したホールの先の言葉も、彼のこうした側面を端的に表している。

(2) 「新自由主義革命」と教育

これまで本書で示してきたように、ホールは「新自由主義革命」に関してつとに深い洞察を示し、サッチャリズム論を始めその性格や権力強化のメカニズムを明らかにしてきた。しかし、ではどのようにこの「新自由主義革命」に対抗すべきなのかということについて、ホール自身が具体的に説明したことはない。たとえば、第四章で主に議論した左翼の「刷新」に関して、ホールは左翼がサッチャリズムから何を学ぶべきなのかについては言及していたが、具体的にどのような手段でサッチャリズムに抵抗すべきなのかについては言及していない。この点は、ギデンズがホールを批判する際のひとつの論拠となっている（Giddens 2000=2003）。

だが、考察を進めるなかで、私はホールにとって教育、とりわけ成人教育こそが「新自由主義革命」に対するひとつの抵抗実践であったのではないかという思いを深くした。そのためこの補論では、ホールの教育に関する議論を分析し、彼が教育をどのように位置づけていたのかを明らかにしたい。ただし、多岐にわたるホールの研究が、様々な局面で教育を問題としていることは明らかであるが、彼が教育そのものを主題として論じているものは決して多くない。しかし、ホールは一九七〇年代末から八〇年代初頭にかけて、サッチャリズムによってイギリスの教育が「危機」に瀕しているという問題意識から、ふたつの論考を発表している。そこで、「新自由主義革命」との関係からホールの教育論を検討し、そこから抵抗実践としての教育の可能性を考えたい。

二　イギリスの教育制度とその歴史

ホールの教育論を分析する前に、ここではイギリスの教育制度の歴史についてごく簡単に確認しよう。

イギリスが、歴史的にきわめて複雑な教育制度を有してきたことは良く知られているが、その複雑さを生み出してきた要因は大きくふたつある。ひとつは地域間の差異である。連合王国であるイギリスでは、地域ごとに独自の教育制度が存在する。この点については、議論を単純化するために、これ以降ホールが問題としているイングランドの教育制度のみに対象を限定したい。もうひとつの要因は、階級間の差異に基づく複線型学校体系である。現代のイギリス教育史は、こうした階級間の差異を総合中等学校[1]の導入による中等教育の普遍化によって縮減しようとしてきた、闘争と妥協の歴史として描くことができる。

志水宏吉は、総合中等学校をめぐる現代イギリス教育史を、第一期（一九世紀末―一九四四年）、第二期（一九四四年―六五年）、第三期（一九六五年―七九年）、第四期（一九七九年―一九九四年現在）という四つの時期に区分している（志水 1994）。そこで、以下では志水の議論によりながら、それぞれの時期ごとの特徴を確認してみよう。

第一期である一九世紀末から一九四四年までの時期は、総合中等学校運動の起源となる時期である。一九世紀末のイギリスでは、寄宿制のパブリック・スクールがエリート階級のための高等教育機関として、また技能学校・日曜学校・一人の教師が何百人もの子どもを監督する昼間学校が庶民階級のための初等教育機関としての役割を果たしていた。この時期に特徴的なのは、グラマー・スクールが産業革命以後勃興しつつあった中産階級のための中等教育機関として認識されるようになったことである。その後、下層中産階級による教育要求を背景に、一九〇二年教育法によって「地方教育当局 Local Education Authorities」が創設され、奨学金制度に象徴されるような全国規模での中等教育システム成立への機運が高まった。さらに、労働党勢力と労働組合運動の影響力が増大するなかで、産業界の指導者だけでなく将来の労働者にも中等教育は必要不可欠なものであるとの認識が生まれ、一九二二年には「すべての者に中等教育を secondary education for all」という労働党の政策方針が出された。しかし、両世界大戦や世界恐慌の影響を受けて、中等教育の普遍化を目指す運動は一時頓挫してしまうことになった。

第二期である一九四四年から六五年までの時期は、総合中等学校制度が胎動し始める時期である。一九四四年教育法（バトラー法）において、保守党政府は労働党の中等教育普遍化要求を一部容れ、「三分肢システム」という選抜的な中等教育制度を導入した。これにより、子どもたちは一一歳の時点で受験するイレブン・プラス試験の成績に応じて、三種類の学校（グラマー・スクール、テクニカル・スクール、モダン・スクール）へと振り分けられることになった。[2] 結果的には、上流階級は私立のパブリック・

スクール、中産階級はグラマーないしテクニカル・スクール、労働者階級はモダン・スクールへという形で構造化された複雑な複線型学校体系が成立した。その後、五〇年代になると、イレブン・プラス試験の不合理性が強い批判を浴びるとともに、さらなる進学要求が生じるようになった。その結果、五〇年代末には、総合中等学校設置に向けての機運が、各地方当局で高まった。

第三期である一九六五年から七九年までの時期は、総合中等学校の確立期にあたる。一九六四年に政権を奪取した労働党政府は、六五年に各地方当局へ送った通達のなかで、中等教育総合化計画の一年以内の提出を求め、抜本的な中等教育改革に乗り出した。教育に関して地方の自律性が高いため、地方当局のなかには総合化計画案を提出せずに選抜的中等教育システムを温存させたところもあるが、七〇年代末までには多くの公立中等学校が総合中等学校となり、総合中等学校制度は一応の完成をみたのである。

第四期である一九七九年から九四年当時までの時期は、総合中等学校制度が動揺した時期である。一九七〇年以降教育相として総合化に否定的であったサッチャーが七九年に首相に就任したことで、総合化への批判は急速に高まった。サッチャー政権は「国民の学力低下」を理由にバトラー法以来となる抜本的な教育改革法案を提出し、同法案は一九八八年教育法として成立した。同法については第五章でも簡単に触れたが、これによりイギリスに初めて全国共通のカリキュラムが導入されるとともに、全国共通の学力テストや親による学校選択の自由など競争原理に基づく新たな制度が生まれた。

この時期区分にしたがえば、ホールがイギリス教育の「危機」を憂えていたのは、第三期から第四期への転換期であり、サッチャーの教育改革が進められる時期であった。この時期は、戦後一貫して進められてきた中等教育の普遍化・総合化政策に対する批判が高まり、そこからの転換が声高に叫ばれた時期であった。戦後合意の危機と関連したホールの「危機」意識は、何を問題としていたのか。

三 教育の「危機」に対するホールのまなざし

(1) 「二重の危機」に瀕する教育

それでは、ここからホールの教育論について検討していこう。ホールは、一九七〇年代から八〇年代初頭にかけてのイギリスの教育が「二重の危機」に瀕していると考えていた(Hall 1984)。そこで、まずはホールの言う「二重の危機」の内実を確認しよう。

ホールの考える「二重の危機」の第一の側面は、労働党の教育プログラムが時代遅れとなり、機能不全に陥っているにもかかわらず、左翼にはその代替案がないということである。先に触れたように、戦後の労働党は「普遍的支給」や「総合化」といったキャッチフレーズを掲げ、教育の機会均等を達成するためのプログラムを推進してきた。しかしホールによれば、こうした一連のプログラムでは、一九六〇年代以降顕在化してきた教育に関わる問題を十分に解決することができなくなってしまった。

それにもかかわらず、労働党は新たな策を講ずることなく、思考を停止してしまっているというのである。

第二の「危機」は、サッチャー政権が退行的・反動的な教育プログラムによって、改良的・進歩的な教育的思考や教育的実践の潮流を「過去」へと押し戻そうとしていることであり、これによって教育における不平等の問題が再び先鋭化しているということである。ホールは、サッチャリズムによる教育プログラム改革の長期的影響力を過小評価している左翼を強く批判する。ホールのみたところ、サッチャリズムによる教育改革の目標は「社会生活の他の多くの領域と同様に、まさに時代のすべてを解体し、根本的な傾向を転換させ、この領域を混乱させ、新たな時代を画することにある」(Hall 1984: 2)。たとえば、サッチャリズムによる教育の「民営化」戦略は、「国家支給」という原則そのものの侵食を企図した試みと考えることができる。さらにホールは、サッチャリズムによる職業教育重視主義が、「肉体労働者」と「頭脳労働者」との分断を固定化し、それぞれに教育構造における適切な位置を与えようとする、きわめて退行的な教育政策を生み出していることを強調している。それによって、教育の不平等が再び社会問題として顕在化しつつあることをホールは批判するのである。

ホールにとって、この「二重の危機」問題の本質は、それが単にサッチャリズムによって生み出されたというよりも、労働党を始めとする左翼の失策によって生み出された「危機」だという点にある。したがって、この「二重の危機」を乗り越えるためには、左翼の自己批判が不可欠だということになる。

そのために、ホールはふたつの課題を提起している。ひとつは、新たな教育プログラムを構想するために、戦後の労働党が依拠してきた改良主義的教育プログラムの失敗を批判的に総括しなければならないということである。もうひとつは、労働党の刷新と関わっている。ホールによれば、労働党は伝統的に国家の中立性を信じているため、教育とは政治の領域外でなされるべきであると考える傾向にある。しかし、サッチャー政権の教育政策が強い影響力を持っているのは、彼女たちが「教育の政治学 politics of education」(Hall 1984: 4) の重要性を認識しているためである。したがって、左翼もまた教育と政治、教育と社会との関係性を理論的に再検討しなければならないということである。以下では、このふたつの課題に関するホールの議論を検討しよう。

(2) 改良主義的教育政策の失敗

ホールによれば、労働党による改良主義的教育政策の最大の問題は、既存の不平等な社会システムや階級構造を修正するはずの改良主義が、実際にはそれらの維持・再生産に貢献してきた点にある。このことを明らかにするために、ホールは一九七七年の論文で、当時の労働党に関する諸議論をまとめながら、戦後期の教育に関する改良主義的合意を維持してきた、社会民主主義的な実践やイデオロギーの性質を検討している (Hall 1977b)。ここでは、この論文におけるホールの整理に沿って、労働党の改良主義的教育政策が失敗した原因を確認しておこう。

ホールは、労働党が相矛盾するふたつの側面を歴史的に保持してきたことに注目している。一方で、労働党は当初から選挙戦略として「平等主義」を掲げてきた。ホールによればこれは、労働党がポピュリズム的なアピールによって労働者階級の票を動員したり、党と労働組合との結びつきをより強固にしたりするために、常に求められるレトリックであった。他方で労働党は、結党以来一貫して議会主義の立場を採用しており、階級闘争によってではなく、行政を通じた社会改良を目指してきた。そのため、確かに労働党は労働者の階級的利害の代弁者ではあったが、同時に労働党には労働者階級の生活・労働条件の改善は、国益の増進に基づいて達成されるべきだという志向性が内包されていた。実際、戦後期に国民政党となった労働党にとって、低迷を続けるイギリス経済を立て直すためには、富や権力の再分配よりも国家の成長を優先させなければならなかった。ホールが強調するのは、こうした過程で、労働党の教育政策における「平等主義」は、既存の国家機構を通じた形式的な「教育機会の均等」の達成へと、巧妙にその焦点がずらされたということである。

こうした「労働党主義」(Hall 1977b: 6) の二面性は、戦後初めて政権を担当した一九四五年から五一年の間に強化された。「この時期には、三つの目的を持った重要な改革が進められた。その目的とは、第一に貧困者や障碍者にとっての社会的機会を増進させること、第二に労働者階級を失業や窮乏から保護すること、第三により人道的な社会を創造すること、この三つである」(Hall 1977b: 6)。ホールは、この時期に福祉国家の地盤が固められたことや教育制度改革が進められたことを評価しつつ、この時期に行われた改革がすべて「混合」資本主義経済を前提としており、既存のシステムに対して同意するものであったことを強調している。なぜなら、そのことがこれ以降の労働党の改良主義にとっての桎梏となっていくからである。

こうした前提のため、一九五〇年代後半から六〇年代の労働党は「修正主義」の時期を迎えたとホールは主張する。この時期の労働党にとっては、成長の拡大・資本主義の効率化・産業の規模拡大といった利益がある場合にのみ、改良主義的改革を進めることが正当化されたのである。ホールによれば、一九六三年のハロルド・ウィルソンによる有名な「科学」演説が、この時期の労働党の性格を端的に示している。この演説のなかで、ウィルソンは「もし以前には社会主義に関する十分に説得的な論拠が存在してこなかったとするならば、オートメーションがそれを生み出してきたでしょう」(Hall 1977b: 7) と述べた。すなわち、この時期の労働党にとっては、再分配や構造的変革ではなく、「成長」こそがその戦略的な要だったのであり、「さらなる改革は、すでに存在するものを再分配することによってではなく、より多くを生産することによって後押しされなければならなかったのである」(Hall 1977b: 7)。このため、労働党による改良は低迷するイギリス経済のシステムによって常に制限を受けることとなり、一九七〇年代までには景気後退の深刻化によって改良主義を維持することは不可能になってしまった。

結果的に、労働党の改良主義的教育政策は「平等主義」と「機会均等」という「二重のレパートリー」

(Hall 1977b: 7) の矛盾に引き裂かれていたといえる。ここまでみてきたように、「教育機会の拡大を通じて階級間の差異を埋めるための一助となるという伝統的な目的は、国民経済の効率性と成長という基準によって正当化されるという条件のもとで、合理化されなければならなかった」(Hall 1977b: 7)。結果的に、階級的な差異それ自体を埋めるという平等主義的な目的は放棄され、形式的な機会均等の達成を目指すことによって、階級関係そのものは維持されることになった。ホールは、このような目的と実践における矛盾した「思考の二重性」(Hall 1977b: 7) が、労働党主義のラディカルな側面を弱体化させ、それに基づく改良主義的教育プログラムを誰にとっても不十分なものにしてしまったと結論づけるのである。

(3) 教育の社会学に関する再検討

ホールは、ここまでみてきたような改良主義的教育政策の失敗にとって、教育とは「自己開発」を目的としており、生産システムがすべきことは何もないという、労働党の誤った考えが決定的な意味を持つと主張している (Hall 1984)。彼によれば、先述したようにサッチャリズムが職業教育を重視することを通じて既存の社会的分断の固定化を企図しているという事実を認識することは、労働の社会的分断の維持や変容にとって教育が決定的だということを再確認させてくれる点で非常に重要である。さらに、改良主義的教育政策の失敗は、「あらゆる教育過程が社会統制の一形態であるということに気づかせてくれた」(Hall 1984: 7) し、また「教育実践の『潜在的カリキュラム』に関して私たちに警告を発しているのである」(Hall 1984: 7)。

したがって、ホールによればサッチャリズムと対峙するこれからの「左翼に残された道は抵抗しかない」(Hall 1984: 9) のであり、教育と社会とのオルタナティブな関係性を創り出す方法を定式化しなければならない。ホールは、先にも言及した一九七七年の論文で「教育の社会学」における教育と社会との関係についての議論を大きく三つのパラダイムに整理している (Hall 1977b: 18-29)。ここでは、ホールの考える三つのパラダイムについて簡単に確認してみよう。

第一のパラダイムは、サミュエル・ボールズとハーバート・ギンティスに代表される「対応パラダイム」(Hall 1977b: 21) である。このパラダイムにおいては、学校教育過程が資本主義社会の経済生活に関する権力関係の再生産によって根本的に決定されるものと捉えられ、教育における社会関係が生産における社会関係と構造的に「対応」していると考えられる。ホールによれば、彼らの議論は「固定的」であり、学校教育が一方的に経済構造によって決定されると考えられている点で経済還元主義に陥っている。

第二のパラダイムは、アントニオ・グラムシに代表される「ヘゲモニー・パラダイム」(Hall 1977b: 22) である。一方では、このパラダイムにおいても社会の「複雑な統一」を保証する根本的な決定は経済構造に委ねられるが、他方で教育を含む上部構造もまたきわめて重要な「役割」を持つと考えられる。上部構造は資本主義的生産の継続を可能にする諸条件の社会的・文化的・政治的・イデオロギー的水準での維持にとって決定的な役割を持つし、さらに社会を資本主義的経済システムの長期的な要求や条件に「適応」させるという役割を持つ。これは領域間の対応関係とは違い、「異なってはいるが、相互に連関し相互依存にあるふたつの領域のカップリング」（Hall 1977b: 22）を意味している。

第三のパラダイムは、グラムシに基づいて、ルイ・アルチュセールによって展開された「再生産パラダイム」（Hall 1977b: 23）である。このパラダイムでは、上部構造はそれ自身の「構造」を持ち、みずからの「相対的に自律した」論理に従っており、「最終審級」においてのみ経済的水準によって独特の重みを与えられるとされる。したがって、「資本主義社会における学校は資本主義的階級関係の論理に従っているが、それは教室において生産諸関係や労働者の組織化を直接に映し出すことによってではなく、それ自身の教育的ヒエラルキーや専門家や統制の諸形態を維持することによって従っている」（Hall 1977b: 23）。

さらにホールは、アルチュセールとは異なるが、ピエール・ブルデューやバジル・バーンスタイン、パウロ・フレイレの議論も同様に再生産パラダイムに属するものとして検討している。ホールによれば、ブルデューは学校教育と社会との分節関係を「相同関係」（相対的に独立した二領域間の構造的類似）と捉えており、学校教育が資本主義に「従属」するのは、資本主義的諸関係が組織化されるのと同じやり方で教育がみずからを組織化するからであると考えている。したがって「学校教育は、その対応と同じくらい、その差異を通じて資本主義社会に分節化される」(Hall 1977b: 24) ことになるのである。

以上のような分類を行ったうえで、ホールは教育に関する再生産パラダイムが、マルクス主義的な再生産論からというよりはむしろデュルケム以来の「構造機能主義」から強い影響を受けていると指摘する。ホールによれば、マルクスとデュルケムはどちらも社会を「総体」あるいは「全体」として扱う限りにおいて、すなわち「内的に連関する諸部門からなる構造と考えていた」(Hall 1977b: 26) 限りにおいて共通点を持つ。しかし、「デュルケムが社会過程をある種の『機能的統合』へと向かうものと考えるのに対して、マルクスは矛盾した趨勢や諸力の構造として社会を捉えている」(Hall 1977b: 26) 点で両者は決定的に異なる。ホールはこうした前提を確認したうえで、アルチュセール、ブルデュー、バーンスタインの理論を再検討し、これらがどれも結果的に「教育の相対的自律性」(Hall 1977b: 28) という理論的解決に辿り着いていることを指摘したうえで、上記の三つの「パラダイムに、完璧に満足できるものはない」(Hall 1977b: 28) と結論づけて論文を終えている。ホールにとって、この論文の狙いはどこにあったのであろうか。

四　教育とヘゲモニー

ホールは、教育に関する三つのパラダイムに関する論文の前半部で、教育と社会との関係についての説明とは「盲目的になったり、単なる『機能主義』に陥ったりすることなく、説得的でなければならない」(Hall 1981: 5; 強調引用者) と述べていた。ホール自身は明示的に語っていないが、このことを考慮するならば、彼は三つのパラダイムの内、「対応パラダイム」はいうまでもなく、構造機能主義に基づく「再生産パラダイム」についても批判的な立場をとっていたと考えていいだろう。

私のみたところ、ホールの機能主義批判の中心的な問題点は、その固定的ないし静態的な再生産理解にある。ホールによれば、「機能主義にとっての一般的な機能とは、ある世代から後続世代へと、いくらかでも既存の形態のままで社会を再生産すること」(Hall 1977b: 20) にある。すなわち、諸部分間の機能的相互依存や機能的結合によって秩序が維持されている社会がそこでは想定されている。しかし、本書でたどってきたように、ホールの眼に映る社会は、人種的・民族的・階級的な対立と軋轢に満ち満ちており、「規範的な合意や制度的な分化によってというよりも、紛争と支配を通じて維持される」(Hall 1977b: 20) ような社会であった。したがって、そもそも社会秩序が前提とされるような静態的なパラダイムでは、ホールの求める抵抗の契機を導出できなかったのであろう。ホールはマルクスに依拠しながら「再生産そのものにおいて資本はみずからの矛盾をも再生産するのであり、その無限の拡大にとっての限界や障壁もまた再生産する」(Hall 1977b: 25) ことを強調している。こうしたホールの記述を踏まえれば、ホールの立脚点はやはりグラムシ的な「ヘゲモニー・パラダイム」にあったと考えられるのではないだろうか。

ここで、これまでの章で何度か触れたホールのヘゲモニー論を思い出すことは有用である。第二章や第三章で分析したように、ホールはこの教育論と同時期に展開したモラル・パニック論のなかで、サッチャリズムが台頭した背景として、ある種のヘゲモニー戦略があったことを指摘していた。すなわちサッチャリズムは、戦後合意によって一度は達成されたヘゲモニーの危機に際して、メディアが生み出したモラル・パニックを通じて高まった社会不安を背景に、国家による強権的な社会統制に対する超階級的な人々の能動的同意を引き出したのであった。ホールによれば、サッチャリズムはポピュリズム的に人々の能動的な同意を獲得することを通じてその強制力を強化し、それによって、人々を権威主義的にみずからの計画へと動員できたために大きな成功を収めることができた。

ここで重要だったのは、モラル・パニックを通じた民衆道徳の高揚による権威要請が、上からの強制的な権威復活の試みに分節化された点であった。ホールによれば、こうした「民衆道徳の言語には、必然的な階級帰属などない」(Hall 1980b: 142) のであり、それによって構成される民衆の常識もまた本来的にいかなる階級にも帰属しない。したがって、サッチャーは、高揚した民衆道徳に働きかけ、大英帝国時代以来の伝統的な国民、家族、愛国心、教育、文化といった概念を参照点としながらも、そこへ新自由主義的な言説を分節化しながら、階級横断的な新たな〈常識〉を再構成することができたのであった。

ここで、第四章で確認したホールのヘゲモニー概念の特徴を再び想起してみよう。ホールにとって、ヘゲモニーとは最終的な勝利を意味するものではなかった。ホールが何度も強調するように、「ヘゲモニーは獲得され、付け加えられ、再生産され、維持されなければならない」（Hall and Jefferson 1975: 40）ものである。したがって、ヘゲモニックな〈常識〉の正当性もまた日々再獲得され続けなければならないということになる。

そうであるならば、ホールがオープン・ユニヴァーシティでの成人教育において実践しようとしたのは、こうした〈常識〉を問い返し、再生産される優勢なヘゲモニーの焦点をずらしていく抵抗実践だったのではないだろうか。社会学や教育学の分野において、教育に関わる社会的な問題というと、とかく若年層の地位達成についての問題ばかりが注目される傾向にある。しかし、ホールが明らかにしたように、たとえば〈常識〉という記号が、常に「獲得され、付け加えられ、再生産され、維持されなければならない」のであれば、相手が成人であってもその「教育」的意義が減じられることはないだろう。いや、むしろ、実際に社会の担い手でありながら、新たな思想や考え方に触れる機会に乏しい成人にとってこそ、「常識を疑う」ような教育が必要である。

ホールが生涯をかけて格闘した「新自由主義革命」は、今日の社会においてヘゲモニーを獲得したようにみえる。しかし、それが安定的な、永遠の勝利ではないことをホールは教えてくれた。そうであるならば、これから続いていく「新自由主義の長きにわたる行進」の行き先を、私たちが教育を通じて少しずつでもずらしていく余地は残されているはずである。その時、私たちはその先にどのような社会を構想できるのであろうか。それは、「常識を疑う」という「常識」を疑わなくなった社会学に突きつけられている課題であり、私自身のこれからの課題でもある。

註

1 ここでは、イギリスの comprehensive school を指す。一定地域に住む子どもが選抜なしで入学できる中等教育学校のこと。

2 このうち、グラマー・スクールとテクニカル・スクールへの進学には選抜がある。それらに進学するのはイレブン・プラス受験者全体の三割程度であり、多くが無選抜のモダン・スクールへ進学した。

あとがき

二〇一六年六月二十三日、イギリス世論を文字通り二分した国民投票の結果、イギリスはEU離脱に向けて大きく舵を切った。この結果を受け、残留を主張していたデイヴィッド・キャメロンは首相の職を辞する意向を示し、内務大臣であったテリーザ・メイがその後を襲った。マーガレット・サッチャー以来となるイギリス史上二人目の女性首相の誕生であり、彼女を「鉄の女」サッチャーのイメージと重ね合わせてみる向きも少なからずあるようである。

今回のイギリスのEU離脱をめぐる議論のなかで、離脱派が多くの人々を惹きつけた理由のひとつは、離脱によって移民をめぐる問題が解決すると主張した点にあるとみることができる。離脱派の中心人物と目されていたボリス・ジョンソンは、EU諸国からの移民がイギリス人から雇用を奪っていると主張し、離脱によって移民の流入を管理する権限を取り戻すことがイギリスの国益につながると訴えていた。しかし、本書において度々触れたように、イギリスへの移民の多くがEU域外の出身者であったことを想起すれば、こうした離脱派の主張に多分に議論の余地があることは明らかである。それでもなお、多くの人々を離脱に駆り立てたのは、離脱派の主張が人々の心の深奥に潜む移民に対する恐怖や怒りに訴えかけたからであろう。それは、かつてモラル・パニックのなかでカラード移民たちが社会問題の病巣であるかのように表象され、批判の矛先を向けられてきた過程を彷彿とさせるものである。もちろん、国民投票以前は離脱に消極的であったメイが、こうした過程をサッチャーのようにみずからの権力強化に利用したと考えるのは適切ではないだろう。しかし、二人の女性首相誕生の背景に目を向けてみると、ホールの提示した分析枠組みが時代を越えてなおも今日的な有効性を失っていないことに気づかされる。

メイもまた「新自由主義の長きにわたる行進」の新たな旗手としてその列に加わるのであろうか。ホールなき世界で、その問いに答える役目は私たちに委ねられている。本書の議論を通じて描き出された「ホールのまなざし」が、これからの社会をまなざす一助となることを著者として切望してやまない。

＊＊＊

本書を締めくくるにあたって、お世話になった方々にこの場を借りて御礼の気持ちをお伝えしたい。

正村俊之先生には、学部生時代から一〇年以上にわたってお世話になった。出来の悪い大学院生であった私は、ゼミ報告の際に「バッターとして正村先生の前でヒットを一度も打てていない」と諸先輩から厳しくご指導いただくことも少なくなかった。そうしたやりとりを覚えていてくださったのか、本書のもととなった博士論文をどうにか提出にこぎつけ、幸運にも受理された日、先生から「これでホームランを打ったことになります。おめでとう」というメールを頂戴した時の気持ちは忘れることができない。

また、小林一穂先生には、読書会のなかで貴重なご意見をたくさん頂戴した。学部生時代に受講した先生の授業に感銘を受け、大学院進学後も度々お話を伺ううちに、二人で読書会を始めることになった。先生とマンツーマンで行われるこの贅沢な読書会は、私が博士論文を提出するまで六年にわたって続いた。初めは先生のご専門であるマルクスの主要な著作を総ざらいし、その後はエンゲルス、フォイエルバッハ、グラムシ、ブルデューなど、一人ではとても太刀打ちできなかった多くの著作を読了することができた。先生との和やかな読書会は辛い研究生活のオアシスであり、研究に行き詰まってしばらく研究室に行かなかった時期にも、先生との読書会には欠かさず参加した。先生の何気ない一言が糸口となって、閉塞した状況を突破できたことも一度や二度ではない。

さらに、教員との関係以上に大学院生同士の結びつきが強い東北大学社会学研究室の伝統のなかにあって、上田耕介先輩との出会いがなければ、本書の完成はありえなかったであろう。上田先輩には、私が学部生の時には助教として、大学院進学後は頼れる先輩として、公私にわたるご支援をいただいた。ゼミや合宿の際はもとより、自宅に招いていただいた折には、快く胸を貸してくださり、朝まで議論に付き合っていただいた。そこから得られた学びがなければ、いまの私はなかったと言っても過言ではない。また、上田先輩を始めとする研究室の同僚たちは、ともに東日本大震災を乗り越えた仲間でもある。震災の翌日、本の海と化した研究室を目にした時には、復旧は無理かもしれないとさえ思った。しかし、当時事務補佐員であった石上恵子さんを始めとする多くの方々のご助力を得ながら、少しずつ日常を取り戻していく作業は、同じ研究室のメンバーという以上の絆を私たちに与えてくれたように思う。その絆が私の背中を押してくれたおかげで、本書をまとめることができた。

言うまでもなく、他にも多くの方々のお世話になった。ここでそのすべてのお名前を挙げることはできないが、心からの感謝を申し上げる。

最後になったが、不肖の息子を忍耐強く信じ続けてくれた父・淳と母・美世に最大限の感謝を伝えたい。また、遠くドイツの地から応援してくれた妹・理沙と義弟・フィリップにも感謝したい。そして、ともに東日本大震災の年に亡くなった二人の祖父、武夫と勇夫に本書が届くことを願っている。

牛渡　亮

二〇一六年十二月

（＝ 2003, 市橋秀夫・芳賀健一訳『イングランド労働者階級の形成』青弓社.）

富岡次郎、1988,『現代イギリスの移民労働者――イギリス資本主義と人種差別』明石書店.

Touraine, Alain, 1969, *La Société Post-Industrielle*, Paris: Denoël.（＝ 1970, 寿里茂・西川潤訳『脱工業化の社会』河出書房新社.）

Turner, Graeme, 1996, *British Cultural Studies: An Introduction*, London: Routledge.（＝ 1999, 溝上由紀・毛利嘉孝・嶋本花織・大熊高明・成実弘至・野村明宏・金智子訳『カルチュラル・スタディーズ入門理論と英国での発展』作品社.）

上野俊哉・毛利嘉孝、2000,『カルチュラル・スタディーズ入門』筑摩書房.

Williams, Raymond., 1958, *Culture and Society* 1780-1950, London: Chatto & Windus.（＝ 1968, 若松繁信・長谷川光昭訳『文化と社会』ミネルヴァ書房.）

――――, 1976, *Keywords: A Vocabulary of Culture and Society*, Oxford: Oxford University Press.（＝ 2002, 椎名美智・武田ちあき・越智博美・松井優子訳『キーワード辞典』平凡社.）

山田雄三、2005,『感情のカルチュラル・スタディーズ――「スクリューティニ」の時代からニュー・レフト運動へ』開文社.

山口二郎、2005,『ブレア時代のイギリス』岩波書店.

吉見俊哉、2002,「岐路に立つＣＳ」『ポストコロニアルと非西欧世界』10(9): 279-92.

Young, Jock, 1999, *The Exclusive Society: Social Exclusion, Crime and Difference in Late Modernity*, London: Sage.（＝ 2007, 青木秀男・伊藤泰郎・岸政彦・村澤真保呂訳『排除型社会――後期近代における犯罪・雇用・差異』洛北出版.）

ション／ピープル」『現代思想』26(4): 190-207.
佐久間孝正、1998,『変貌する多民族国家イギリス――「多文化」と「多分化」にゆれる教育』明石書店.
――――，2007,『移民大国イギリスの実験――学校と地域にみる多文化の現実』勁草書房.
――――，2011,「グローバル時代における政治と宗教――イギリスを中心に」『社会学研究』89: 25-49.
鮫島京一、1998,「カルチュラル・スタディズの射程―新しい『文化の社会学』の練成（elaboration）」立命館大学大学院社会学研究科平成九年度博士論文.
佐藤嘉幸、2009,『新自由主義と権力――フーコーから現在性の哲学へ』人文書院.
Seldon, Anthony ed., 2007, *Blair's Britain 1997-2007*, Cambridge: Cambridge University Press.（＝ 2012, 土倉莞爾・廣川嘉裕監訳『ブレアのイギリス 1997-2007』関西大学出版.）
島田幸典・木村幹編、2009,『ポピュリズム・民主主義・政治指導―制度的変動期の比較政治学』ミネルヴァ書房.
志水速雄、1977,『フルシチョフ秘密報告「スターリン批判」』講談社.
志水宏吉、1994,『変わりゆくイギリスの学校――「平等」と「自由」をめぐる教育改革のゆくえ』東洋館出版社.
曽村充利編、2008,『新自由主義は文学を変えたか――サッチャー以後のイギリス』法政大学出版局.
高山智樹、2007,「カルチュラル・スタディーズの現在」『唯物論研究年誌』12: 212-28.
――――, 2010,『レイモンド・ウィリアムズ――希望への手がかり』彩流社.
田中誠、1995,「『党目的』の見直し」『レファレンス』533: 118-23.
Thatcher, Margaret, 1993, *The Downing Street Years*, London: HarperCollins.（＝ 1993, 石塚政彦訳『サッチャー回顧録――ダウニング街の日々［上］』日本経済新聞社.）
Thompson, E. P., 1961, "The Long Revolution", *New Left Review*, 9: 24-33, 10: 33-9.（＝ 1962, 田村進訳「R. ウィリアムズの『長い革命』批判」田村進編『文化革命のヴィジョン』合同出版社 ,219-270.）
――――, 1963, *The Making of the English Working Class,* London: Victor Gollancz.

Lin, Chun, 1993, *The British New Left*, Edinburgh: Edinburgh University Press.（=1997, 渡辺雅男訳『イギリスのニューレフトカルチュラル・スタディーズの源流』彩流社.）
巻口勇次、2007,『現代イギリスの人種問題――有色移民と白系イギリス人の多様な人種関係』信山社出版.
Morris, Nigel, 2006, "Blair' s'Frenzied Law-Making': a New Offence for Every Day Spent in Office"The Independent, 16 August.（http://www.independent.co.uk/news/uk/politics/blairs-frenzied-law-making--a-new-offence-for-every-day-spent-in-office-412072.html）
毛利健三編、1999,『現代イギリス社会政策史――1945 ～ 1990』ミネルヴァ書房.
毛利嘉孝、1998,「インディペンダント・インタヴェンシャン――ホールの 70 年代」『現代思想』26(4): 208-21.
Mulhern, Francis, 1995, "The Politics of Cultural Studies," Monthly Review 47(3): 31-40.
村岡健次・木畑洋一編、1991,『世界歴史体系イギリス史 3』山川出版社.
夏目漱石、[1911]1988,「思いだす事など」『夏目漱石全集 7』筑摩書房、563-669.
小笠原博毅、1997,「文化と文化を研究することの政治学」『思想』873: 41-66.
大嶽秀夫、2005,「イギリス新左翼の思想と運動 ―― 前期ニューレフト（1956 ～ 1963）を中心として」京都大学法学会編『法学論叢』156(3,4): 1-24.
Poulantzas, Nicos, 1978, *L'état, le pouvoir, le socialism*, Paris: PUF.（＝ 1984, 田中正人・柳内隆訳『国家・権力・社会主義』ユニテ.）
Procter, James, 2004, *Stuart Hall*, London; New York: Routledge.（＝ 2006, 小笠原博毅訳『スチュアート・ホール』青土社.）
Rosen, Andrew, 2003, *The Transformation of British Life, 1950-2000: a social history*, Manchester: Manchester University Press.（＝ 2005, 川北稔訳『現代イギリス社会史――1950-2000』岩波書店.）
佐伯啓思、1988,『擬装された文明大衆社会のパラドックス』ＴＢＳブリタニカ.
酒井隆史、1998,「内なる敵――ポストコロニアル期における人種／ネー

Routledge & Sons.（= 2008, 西山千明訳『隷属への道』春秋社.）
Hobsbawm, Eric, 1994, *Age of Extremes: The Short Twentieth Century 1914-1991*, London: Michael Joseph.（=1996, 河合秀和訳『20 世紀の歴史――極端な時代』三省堂.）
Hogart, Richard., 1957, *The Uses of Literacy: Aspects of Working Class Life, with Special Reference to Publications and Entertainments*, London: Chatto & Windus.（ = 1986, 香内三郎訳『読み書き能力の効用』晶文社.）
伊藤公雄、1996,「ＣＳ、その可能性とあやうさと」『インパクション』99: 6-13.
James, Henry, 1877 *The American*, London: Penguin Books.（=1968, 高野フミ訳「アメリカ人」『現代アメリカ文学選集』6, 荒地出版社.）
――――, 1878a, The Europeans, London: Penguin Books.（=1978, 阿出川祐子訳『ヨーロッパ人』ぺりかん社.）
――――, 1878b, Daisy Miller, New York: Augustus M. Kelley.（=1957, 西川正身訳『デイジー・ミラー』新潮社.）
Jessop, Bob, Kevin Bonnett, Simon Bromley andTom Ling, 1984,"Authoritarian Populism, Two Nations, and Thatcherism," *New Left Review* 147, pp.32-60.
片桐薫編、2001,『グラムシ・セレクション』平凡社.
川北稔編、1998,『イギリス史』山川出版社.
北村寧、1983,「『ルイ・ボナパルトのブリュメール 18 日』における階級闘争分析の方法――S･ホールの問題提起によせて」『長野大学紀要』5(2): 1-13.
Laclau, Ernest, 1977, *Politics and Ideology in Marxist Theory: Capitalism, Fascism, Populism*, London: NLB.（=1985, 横越英一監訳『資本主義・ファシズム・ポピュリズム――マルクス主義理論における政治とイデオロギー』柘植書房.）
Leavis, F. R., 1930, *Mass Civilization and Minority Culture,* London: Cambridge.
――――, 1933, *For Continuity*, Cambridge: Minority Press.
――――, 1948a, *The Great Tradition*, London: Chatto & Windus.（= 長岩寛・田中純蔵訳『偉大なる伝統』英潮社.）
――――, 1948b, "The Europeans,"*Scrutiny*, 15(3): 209-221.（=1962, 上島健吉訳「『ヨーロッパの人』」『ヘンリー･ジェイムズの世界――ジェイムズ評論集』北星堂書店、241-69.）

L. Grossberg and C. Nelson eds., *Marxism and the Interpretation of Culture*, Urbana: University of Illinois, 35-57.

———, 1988b, "Introduction: Thatcherism and the Crisis of the Left," S. Hall ed., *The Hard Road to Renewal: Thatcherism and the Crisis of the Left,* London: Verso, 1-15.

———, 1989a, " The 'First' New Left" Archer et al., *Out of Apathy,* London: Verso, 11-38.

———, 1989b, "New ethnicities,"D. Morley and K. H. Chen eds. *Stuart Hall Critical Dialogues in Cultural Studies,* 1996, London: Routledge, 441-49.(=1998, 大熊高明訳「ニュー・エスニシティズ」『現代思想』26(4): 80-9.)

———,1989c, "The meaning of New Times," D. Morley and K. H. Chen eds., *Stuart Hall Critical Dialogues in Cultural Studies,* 1996, London: Routledge, 223-37. (=1998, 岡本雅子訳「『ニュータイムズ』が意味するもの」『現代思想』26(4): 271-85.)

———, 1998, "The Great Moving Nowhere Show," Marxism Today, November/December: 9-14.

———, 2011, "The Neoliberal Revolution: Thatcher, Blair, Cameron - The Long March of Neoliberalism continues," *Soundings,* 48: 9-27.

Hall, Stuart, Chas Critcher, Tony Jefferson, John Clarke and Brian Roberts eds., 1978, *Policing the Crisis: Mugging, the State, and Law and Order*, London: Macmillan.

Hall, Stuart and Martin Jacques eds., 1983, *The Politics of Thatcherism*, London: Lawrence & Wishart.

———, 1989, New Times: the Changing Face of Politics in the 1990s, London: Lawrence &Wishart.

Hall, Stuart and Tony Jefferson eds., 1975, *Resistance through Rituals: Youth subcultures in post-war Britain (Second edition),* 2006, London; Routledge.

Harvey, David, 2005, *A Brief History of Neoliberalism*, New York: Oxford University Press.（=2007, 渡辺治監訳『新自由主義――その歴史的展開と現在』作品社.）

畠山弘文、1994,「イギリスにおける『法と秩序』政策」『法社会学』46: 258-262. Hayek, Friedrich A. von, 1944, *The Road to Serfdom*, London: George

———, 1960, "The Supply of Demand," E. P. Thompson ed., *Out of Apathy*, London: Steven & Sons. (=1963, 福田歓一・河合秀和・前田康博訳「需要の供給」 E・P・トンプソン編『新しい左翼――政治的無関心からの脱出』岩波書店、59-99.)

———, 1966, "Class and Mass Media," R. Mabey ed., *Class: A Symposium*, London: Blond, 93-114.

———, 1967, "The world of the gossip column," R. Hoggart ed., *Your Sunday Paper*, London: London University Press, 68-80.

———, 1971, "Deviancy, Politics and the Media," CCCS Stencilled Paper, 11.

———, 1977a, "Rethinking the 'base and Superstructure', metaphor," J. Bloomfield et al. eds., *Crass, Hegemony and Party*, London: Lawrence & Wishart, 43-71.

———, 1977b, "Schooling, State, Society," Roger Dale et al. eds., *Education and State 1: Schooling and the National Interest*, 1981, Sussex: Falmer Press, 3-29.

———, 1978, "The Great Moving Right Show," S. Hall ed., *The Hard Road to Renewal: Thatcherism and the Crisis of the Left*, 1988, London: Verso, 39-56.

———, 1980a, "Encoding/Decoding," S. Hall, D. Hobson, A. Lowe and P. Willis eds., *Culture, Media, Language: Working Papers in Cultural Studies*, London: Hutchinson, 128-38.

———, 1980b, "Popular-Democratic vs Authoritarian Populism: Two Ways of 'Taking Democracy Seriously," S. Hall ed., *The Hard Road to Renewal: Thatcherism and the Crisis of the Left*, 1988, London: Verso, 123-49.

———, 1982, "The Empire Strikes Back," S. Hall ed., *The Hard Road to Renewal: Thatcherism and the Crisis of the Left*, 1988, London: Verso, 68-74.

———, 1984, "Education in Crisis," James Donald and AnnMarie Wolpe eds., *Is There Anyone Here from Education?*, London: Pluto Press, 2-9.

———, 1985, "Authoritarian Populism: A Reply to Jessop et al.," S. Hall ed., *The Hard Road to Renewal: Thatcherism and the Crisis of the Left*, 1988, London: Verso, 150-9.

———, 1987, "Gramsci and Us," S. Hall ed., *The Hard Road to Renewal: Thatcherism and the Crisis of the Left*, 1988, London: Verso, 161-73. (=1998, 野崎孝弘訳「グラムシとわれわれ」『現代思想』26(4): 116-28.)

———, 1988a, "The Toad in the Garden: Thatcherism among the Theorists,"

関嘉彦監訳『福祉国家の将来』論争社.）
Drucker, Peter, 1969, *The Age of Discontinuity*, New York: Harper & Row.（＝1969, 林雄二郎訳『断絶の時代──来るべき知識社会の構想』ダイヤモンド社.）
Eagleton, Terry, 1976, *Criticism and Ideology: A Study in Marxist Literary Theory*, London: New Left Books Ltd.（＝1980, 高田康成訳『文芸批評とイデオロギー──マルクス主義文学理論のために』岩波書店.）
Engels, Friedrich, 1890, "Engels to J. Bloch In Königsberg," Marx-Engels Correspondence 1890, 1972, Moscow: Progress Publishers, 294-6.（＝1975, 大内兵衛訳「エンゲルスからヨーゼフ・ブロッホへ 9月21-22日」『マルクス＝エンゲルス全集』37, 大月書店、400-3.）
Eliot, T.S., 1948, *Note Towards Definition of Culture*, London: Faber.（＝1951, 深瀬基寛訳『文化とは何か』弘文堂.）
Foucault, Michel, 2004, *Naissance de la biopolitique. Cours au Collège de France (1978-1979)*, Paris: Gallimard / Seuil.（＝2008, 慎改康之訳『生政治の誕生──コレージュ・ド・フランス講義 1978–79年度』筑摩書房.）
藤野早苗、2004,『ヘンリー・ジェイムズのアメリカ』彩流社.
Galbraith, J. K., 1958, *The Affluent Society*, London: Hamish Hamilton.（＝1978, 鈴木哲太郎訳 『ゆたかな社会』岩波書店.）
Giddens, Anthony, 1998, *The Third Way: the Renewal of Social Democracy*, Cambridge: Polityu Press.（＝1999, 佐和隆光訳『第3の道──効率と公正の新たな同盟』日本経済新聞社.）
———, 2000, *The Third Way and its Critics*, Cambridge: Polity Press.（＝2003, 今枝法之・千川剛史訳『第三の道とその批判』晃洋書房.）
権上康男編、2006,『新自由主義と戦後資本主義──欧米における歴史的経験』日本経済評論社.
Gorz, André, 1982, *Farewell to the Working Class: an Essay on Post-Industrial Socialism*, London: Pluto Press.
Grossberg, Lawrence ed., 1996, "On postmodernism and articulation: an interview with Stuart Hall," D. Morley and k. H. Chen eds., *Stuart Hall: Critical Dialogues in Cultural Studies*, London: Routledge, 131-50.
Hall, Stuart, 1958,"A Sense of Classlessness," *Universities and Left Review*, 5: 26-32.
———, 1959, "Absolute Beginnings," Universities and Left Review, 7: 16-25.

〈文献〉

安達智史、2013『リベラル・ナショナリズムと多文化主義――イギリスの社会統合とムスリム』勁草書房.

Anderson, Perry and Robin Blackburn, 1965, *Towards Socialism*, London: Fontana.（＝ 1968, 佐藤昇訳『ニュー・レフトの思想――先進国革命の道』河出書房新社.）

Arnold, Matthew, 1869, *Culture and Anarchy*, Cambridge: The University Press.（＝ 1946, 多田英次訳『教養と無秩序』岩波書店.）

Blair, Tony, 1993,"Why Crime is a Socialist Issue," *New Statesman*, 25 January: 27-8.

――――, 1994, Socialism, London: Febian Society.

Bourdieu, Pierre, 1979, *La Distinction: Critique Sociale du Jugement*, Paris: Éditions de Minuit.（＝ 1990, 石井洋二郎訳『ディスタンクシオン――社会的判断力批判』藤原書店.）

――――, 1989, *La Noblesse d'État : Grandes Écoles et Esprit de Corps*, Paris: Éditions de Minuit.（＝ 2012, 立花英裕訳『国家貴族――エリート教育と支配階級の再生産』藤原書店.）

Bourdieu, Pierre et Jean-Claude Passeron, 1970, *La Reproduction: Éléments pour une Théorie du Système D›enseignement*, Paris: Éditions de Minuit.（＝ 1991, 宮島喬訳『再生産――教育・社会・文化』藤原書店.）

Bromley, Roger, 1992, "Interview with Professor Stuart Hall," J. Munns, G. Rajan and R. Bromley eds., *A Cultural Studies Reader*, London: Longman, 659-73.

Chen, Kuan-Hsing, 1996,"The Formation of a Diasporic Intellectual: an Interview with Stuart Hall,"D. Morley andK. H. Chen eds., *Stuart Hall: Critical Dialogues in Cultural Studies*, London: Routledge, 484-503.（=1996, 小笠原博毅訳「あるディアスポラ的知識人の形成」『思想』859: 6-30.）

Cohen, Stanley, 1972, *Folk Devils and Moral Panic: The Creation of the Mods and Rockers (Third Edition)*, 2002, London: MacGibbon and Kee.

Crawford, Adam, 1998, *Crime Prevention and Community Safety*, Harlow: Longman.

Crossland, Anthony, 1956,*The Future of Socialism*, London: Jonathan Cape.（=1961,

ハ行

マ行

ヤ行

ラ行

事項索引

ア行

カ行

サ行

タ行

ナ行

マ行

ヤ行

ラ行

人名索引

ア行

カ行

サ行

タ行

ハ行

著者紹介

牛渡　亮（うしわた・りょう）

■経歴

1982年、宮城県仙台市生まれ
東北大学大学院文学研究科博士後期課程修了、博士（文学）
文化研究、文化社会学、教育社会学専攻

■主要論文

「スチュアート・ホールのサッチャリズム論 — イギリス新自由主義における退行的近代化と権威主義的ポピュリズム」『社会学研究』89（2011年）
「スチュアート・ホールのモラル・パニック論」『社会学年報』42（2013年）
「スチュアート・ホールの生涯とその課題」『社会学研究』96（2015年）

スチュアート・ホール——イギリス新自由主義への文化論的批判

2017年5月20日　初 版　第1刷発行　〔検印省略〕
定価はカバーに表示してあります。

著者Ⓒ牛渡亮／発行者 下田勝司　印刷・製本／中央精版印刷

東京都文京区向丘1-20-6　郵便振替 00110-6-37828
〒113-0023　TEL (03) 3818-5521　FAX (03) 3818-5514
発行所 株式会社 東信堂

Published by TOSHINDO PUBLISHING CO., LTD.
1-20-6, Mukougaoka, Bunkyo-ku, Tokyo, 113-0023, Japan
E-mail : tk203444@fsinet.or.jp　http://www.toshindo-pub.com

ISBN978-4-7989-1363-6 C3036 ©Ushiwata Ryo